会社別就活ハンドブックシリーズ

2025

西日本旅客鉄道の
就活ハンドブック

就職活動研究会 編
JOB HUNTING BOOK

は じ め に

　2021年春の採用から，1953年以来続いてきた，経団連（日本経済団体連合会）の加盟企業を中心にした「就活に関するさまざまな規定事項」の規定が，事実上廃止されました。それまで卒業・修了年度に入る直前の3月以降になり，面接などの選考は6月であったものが，学生と企業の双方が活動を本格化させる時期が大幅にはやまることになりました。この動きは2022年春そして2023年春へと続いております。

　また新型コロナウイルス感染者の増加を受け，新卒採用の活動に対してオンラインによる説明会や選考を導入した企業が急速に増加しました。採用環境が大きく変化したことにより，どのような場面でも対応できる柔軟性，また非接触による仕事の増加により，傾聴力というものが新たに求められるようになりました。

　『会社別就職ハンドブックシリーズ』は，いわゆる「就活生向け人気企業ランキング」を中心に，当社が独自にセレクトした上場している一流・優良企業の就活対策本です。面接で聞かれた質問にはじまり，業界の最新情報，さらには上場企業の株主向け公開情報である有価証券報告書の分析など，企業の多角的な判断・研究材料をふんだんに盛り込みました。加えて，地方の優良といわれている企業もラインナップしています。

　思い込みや憧れだけをもってやみくもに受けるのではなく，必要な情報を収集し，冷静に対象企業を分析し，エントリーシート作成やそれに続く面接試験に臨んでいただければと思います。本書が，その一助となれば幸いです。

　この本を手に取られた方が，志望企業の内定を得て，輝かしい社会人生活のスタートを切っていただけるよう，心より祈念いたします。

就職活動研究会

Contents

第1章

西日本旅客鉄道の会社概況

会社によって選考方法は千差万別。面接で問われる内容や採用スケジュールもバラバラだ。採用試験ひとつとってみても，その会社の社風が表れていると言っていいだろう。ここでは募集要項や面接内容について過去の事例を収録している。

また，志望する会社を数字の面からも多角的に研究することを心がけたい。

✔ 企業理念

私たちの志

人，まち，社会のつながりを進化させ，
心を動かす。未来を動かす。

1. 私たちは，お客様のかけがえのない尊い命をお預かりしている責任を自覚し，安全第一を積み重ね，お客様から安心，信頼していただける鉄道を築き上げます。

2. 私たちは，鉄道事業を核に，お客様の暮らしをサポートし，将来にわたり持続的な発展を図ることにより，お客様，株主，社員とその家族の期待に応えます。

3. 私たちは，お客様との出会いを大切にし，お客様の視点で考え，お客様に満足いただける快適なサービスを提供します。

4. 私たちは，グループ会社とともに，日々の研鑽により技術・技能を高め，常に品質の向上を図ります。

5. 私たちは，相互に理解を深めるとともに，一人ひとりを尊重し，働きがいと誇りの持てる企業づくりを進めます。

6. 私たちは，法令の精神に則り，誠実かつ公正に行動するとともに，企業倫理の向上に努めることにより，地域，社会から信頼される企業となることを目指します。

✔ 会社データ

所在地	〒530-8341　大阪市北区芝田二丁目4番24号
代表取締役社長	長谷川 一明
設立	1987年4月1日
資本金	226,136百万円
発行済株式数	244,001,600株
主な事業内容	運輸業／流通業／不動産業／その他
社員数	44,897人（連結）、21,727人（単体）
子会社数	146社（うち連結子会社60社）
鉄道 キロ数	4,903.1キロメートル、新幹線：812.6キロメートル（2線区）、在来線：4,090.5キロメートル（49線区）
駅数	1,174駅
車両数	6,485両

2023年3月31日現在

✔ 仕事内容

総合職

事務・創造

鉄道事業の安全推進、営業戦略や、物販・飲食、不動産、ホテル等のさまざまな事業の戦略の策定・実行を担うだけでなく、人事、財務等の各事業の基盤を支える仕事に携わります。さらには、鉄道事業と創造事業のシナジーを発揮していく戦略を推進するとともに、新たな価値創造の事業に挑戦していく等、多様なキャリアがあります。

技術系・IT

JR西日本グループにおけるデジタル戦略の実現を目指し、MaaSアプリやモバイルICOCAをはじめとするお客様向けサービスの拡充、ビッグデータの分析によるデータマーケティングやCBMの実現、鉄道の安全安定輸送に貢献する基幹システムの構築、ツールのデジタル化による業務プロセスや社員の働き方の改革を推進します。

技術系・運輸

中長期的な輸送戦略に基づく列車ダイヤの作成、信号設備配置計画の策定や運行管理システムの開発・管理、乗務員・指令員に対する教育やヒューマンエラー防止対策の実施など、ハード・ソフトの両面から総合的に高品質な鉄道輸送を実現し、安全で快適な輸送サービスをお客様にお届けします。

技術系・車両

新しい技術の開発や導入により、車両の装置を設計・改良を行います。また、6,500両におよぶ車両のメンテナンスを通じてさらなる品質向上を追求し、「良い車両」の永続的な提供をめざします。

技術系・施設(土木)／施設(建築)／施設(駅機械システム)

立体高架工事、新駅建設などの各種プロジェクトを推進する一方で、線路、トンネル、駅舎のほか鉄道設備のメンテナンスを実施し、安全かつ快適なサービスを提供します。

技術系・電気

列車の安全・安定輸送を支える「列車制御システム」や「情報通信ネットワー

ク」の分野、電車や駅などの各種設備に電気を供給する「パワーエレクトロニクス」の分野など、それぞれの分野を統合した鉄道電気システムの構築・安定稼動・機能向上を行うことで、安全かつ快適なサービスを提供します。

プロフェッショナル職

駅務

駅における「みどりの窓口」でのきっぷの販売や改札でのご案内などの接客サービスをはじめ、列車の切り離しや連結、列車発着の駅の信号取扱いなど、列車運行管理を行うのが、駅務の仕事です。お客様のニーズを把握し、サービスの向上に活かすとともに、安全・正確な運行管理を行うことで、より快適な輸送サービスの実現をめざします。

運転士

ドアの開閉などの列車の運転に関わる業務や、お客様へのご案内業務を行う車掌。理論と経験に基づく巧みな技術で、正確かつ安全な列車の運転業務を行う運転士。列車運行の最前線に立ち、お客様を安全・快適に目的地にお運びするという、大きな責任とやりがいのある仕事です。

車両

約 6,500 両におよぶ鉄道車両のメンテナンスを行っているのが車両部門です。安全・快適な車両の提供のため、一定期間走行した車両を車両所で解体し、検査や修繕を行います。乗り心地改善のための改造や車内設備のリフォームなどを加えることで、車両に新たな価値を与える業務も行っています。

施設

施設部門では、線路・土木構造物・建築物・駅機械設備などを保守管理しています。列車の運行を支える線路、線路を支えるトンネルや橋梁といった土木構造物、お客様のご利用を直接支える建築物、駅内の機械設備といった鉄道にとって重要な基盤をメンテナンスし、鉄道運行の安全性や快適性を支えています。

電気

列車の安全・安定輸送を支える「列車制御システム」や「情報通信ネットワーク」の分野、電車や駅などの各種設備に電気を供給する「パワーエレクトロニクス」の分野など、それぞれの分野を支える電気設備の構築・安定稼動・機能向上を行うことで、安全かつ快適な輸送サービスを提供しています。

✔ 先輩社員の声

めったに経験できない基地局の新設工事。
未経験の領域にも，積極的に飛び込んでいく

【総合職採用　電気】

現在，山陰線における無線基地局の取替，新設工事を担当しています。列車の運行に欠かすことのできない無線ですが，山間部を走行する山陰線の一部では，音質やつながりやすさなど改善が必要な場所があります。その根本的な打開策として，基地局の場所を変えてしまおうというのが今回の工事です。めったに経験できない工事ですので，不安もありますが，それ以上に「新しいことを学べるチャンスだ」という期待の方が大きいです。特に，何が無線のつながりやすさに影響を与えているのかについて貪欲に知識を吸収し，工事に活かしたいと思っています。鉄道は，ひとつの設備を長期間にわたって使用します。だからといって新しい技術の導入や，新しい設備がないのかというと，決してそんなことはありません。会社内では時代にあわせた新しい設備を随時導入していますし，エリアが広いから常にどこかで"新しいこと"にチャレンジしています。つまり，技術者として成長できるチャンスが豊富にあるのです。新しい技術や知識を学びながら，自分が設計した工事が契約成立したとき，あるいは工事が完成したとき，なんとも言えない達成感を味わうことができます。そして，毎日安全に列車が走る姿を見たとき，この仕事にやりがいを感じずにはいられません。だからこそ，また新しいことにチャレンジして，安全・安定輸送を支えていきたいという意欲が生まれてくるのです。

「仕事」と「仕事以外の生活」が
お互いにいい影響を与える状態が理想

【総合職採用　鉄道】

ＪＲ西日本本社人事部に異動して一カ月後，社員の働き方にかかわる勤務や休職に関する制度を改訂する業務に携わることになりました。社員の働き方に大きな影響を与えることになるため，最初はプレッシャーで戸惑いを感じたものの，より必要とされる制度にしたいと決意を新たに取り組みました。

その時に注目したのが，介護にかかわる制度でした。今後，社会全体で高齢化が進むなかで，働く世代の中でもこれまで以上に介護に携わる人が増えてくると言われています。当社でも，介護を理由に利用できる休暇や休業の制度をもっと充実させてほしい，という社員の声を聞くことが増えてきました。

すでに法律によって，家族が一定の「要介護状態」にある場合には休業できる制度を設けることが定められていますが，実際には，これによってカバーできないパターンも数多くあるのが実情です。会社ができることのなかで，少しでも社員が利用しやすい制度をつくるためにはどうすればよいかを考えた結果，介護に関する新たな休暇制度を設けることができました。

介護にかかわる法律や保険制度はとても複雑です。今後は，介護により行政や会社の手助けが必要となる社員が参照しやすいパンフレットなどの作成をてがけていきたいと思っています。

会社の制度は単純に「休む」「私生活を支援する」ことだけではなく，その制度を利用することが，仕事にもよい影響を与える好循環を生むものであるべきだと考えています。まだ道半ばではありますが，今後も，社員が自分を成長させながら，よりいっそう活躍できる環境づくりに尽力していきます。

総合職採用

職種	事務・創造系、技術系（運輸・車両・土木・建築・駅機械システム・電気・IT）
応募資格	【事務・創造系、技術系（運輸・IT）】 新卒の方：2023年4月から2024年3月までに大学・高等専門学校を卒業見込みの方（大学院修了見込みの方を含む） 既卒の方：2020年4月から2023年3月までに大学・高等専門学校を卒業された方で就労経験のない方（大学院修了の方を含む） 【技術系（車両・土木・建築・駅機械システム・電気）】 新卒の方：2023年4月から2024年3月までに大学を卒業見込みの方（大学院修了見込みの方を含む） ※高等専門学校を卒業見込みの方は、「高専卒採用」に応募いただけます。 既卒の方：2020年4月から2023年3月までに大学を卒業された方で就労経験のない方（大学院修了の方を含む） ※高等専門学校を卒業見込みの方は、「高専卒採用」に応募いただけます。
採用予定数	約70名
初任給	2023年度採用京阪神地区（予定） 259,078円（大学院卒）／229,586円（大学卒） 208,884円（高専卒）
昇給	年1回（4月）
賞与	年2回（6月,12月）
諸手当	扶養手当，通勤手当，職務手当，超過勤務手当ほか
勤務時間	9時00分から17時45分 ※部門等により異なります。（現業機関等では職種や職務内容により多様な勤務形態があります） ※本社・支社等企画部門、一部の現業機関にはフレックスタイム制があります。
休日休暇	年間119日 ※その他：年次有給・結婚・出産・ボランティア・忌引休暇等があります。 ※2023年3月1日現在

職務内容	事務・創造：営業企画、サービス向上、創造事業、経営企画、人事、財務、広報　等 技術系：輸送戦略、鉄道設備のメンテナンス、車両設計、技術開発、建設工事、システム開発、データアナリティクス等
勤務地	当社エリア全域（東京等を含む）の勤務
福利厚生	社員や家族が、健康で豊かなゆとりある生活が送れるよう、さまざまな厚生施設や制度を用意しています。また、短日数勤務制度等の仕事と家庭の両立を支援する「制度」と、制度を利用しやすい職場の「雰囲気づくり」の両面からワークライフバランスの向上に取り組んでいます。 ■住居（寮・社宅など） 　独身寮や社宅の提供や、賃貸住宅の家賃補助制度など、生活の土台となる住居について不安なく生活していただくための制度を整えています。 ■健康管理 　社員の健康増進のために、人間ドック受診料の補助等の各種制度を用意しています。 ■財産形成 　結婚や住宅取得などのライフプランにあわせて、財産形成をバックアップする制度があります。給与やボーナスから貯蓄ができる「銀行提携預金」や「財形貯蓄制度」のほか、社員の住宅取得を促進するための融資制度も用意しています。 ■共済会 　相互扶助の精神に基づいて、結婚祝いや万一の場合の弔慰金、傷病見舞金などの各種給付を行うほか、フィットネスクラブなどを割引料金で利用できる制度があります。 ■制度 　厚生年金保険、健康保険、雇用保険、労災保険、財形貯蓄制度、持家融資制度、住宅取得に対する利子補給制度、社員持株制度などがあります。
教育制度	新入社員研修、安全研修、階層別研修、営業・財務等のエキスパート育成プログラム、次世代経営者育成プログラム、自主参加型ビジネススキルアップ研修、通信研修、国内大学留学、海外大学留学、資格取得支援制度　等

採用実績校	全国の国公私立大学，高等専門学校および海外大学
採用学部・学科	全職種とも全学部全学科

プロフェッショナル採用

職種	プロフェッショナル職採用（運輸）・プロフェッショナル職採用（技術）
応募資格	新卒の方：2023年4月から2024年3月までに大学を卒業見込みの方（大学院修了見込みの方を含む）、高等専門学校を卒業見込みの方、短期大学を卒業見込みの方、専修学校の専門課程で「専門士」または「高度専門士」を取得見込みの方 既卒の方：2020年4月から2023年3月までに大学を卒業された方（大学院修了の方を含む）、短期大学を卒業された方、高等専門学校を卒業された方、専修学校の専門課程で「専門士」または「高度専門士」を取得した方で、いずれも就労経験のない方
採用予定数	約690名
初任給	2023年度採用京阪神地区（予定） 214,252円（大学院卒）／207,212円（大学卒） 195,882円（高専卒・短大卒・専修学校卒）
昇給	年1回（4月）
賞与	年2回（6月，12月）
諸手当	扶養手当，通勤手当，職務手当，超過勤務手当ほか
勤務時間	9時00分から17時45分 ※部門等により異なります。（現業機関等では職種や職務内容により多用な勤務形態があります） ※本社・支社等企画部門、一部の現業機関にはフレックスタイム制があります。
休日休暇	年間119日 ※その他：年次有給・結婚・出産・ボランティア・忌引休暇等があります。 ※2023年3月1日現在

職務内容	■運輸 「駅務」は駅業務全般のプロフェッショナルを目指していただくことになります。「運転士」は、運輸部門の現業機関において、運転士として業務に従事していただきます。運転士試験合格までは駅、車掌の業務を経験します。 ■技術 技術部門の現業機関において、車両の検査・修繕業務、線路や土木構造物、駅舎、駅の機械設備の検査・保守業務、電気関係設備の検査・保守業務に従事していただきます。 いずれの系統においても、将来的には、その経験と意欲、能力に応じて支社・本社スタッフや現場管理者など、さまざまな分野での活躍も期待しています。 いずれの系統においても、将来的には、その経験と意欲、能力に応じて支社・本社スタッフや現場管理者など、さまざまな分野での活躍も期待しています。
勤務地	北陸、京阪神、和歌山・泉南、北近畿（京都府北部、兵庫県北部）、岡山、山陰、広島・山口、福岡のうち、将来活躍したいエリアを選択していただき、そのエリアを考慮して勤務していただきます。 ※入社後他エリア（支社）や東京地区勤務になる場合もあります。
福利厚生	社員や家族が、健康で豊かなゆとりある生活が送れるよう、さまざまな厚生施設や制度を用意しています。また、短日数勤務制度等の仕事と家庭の両立を支援する「制度」と、制度を利用しやすい職場の「雰囲気づくり」の両面からワークライフバランスの向上に取り組んでいます。 ■住居（寮・社宅など） 　独身寮や社宅の提供や、賃貸住宅の家賃補助制度など、生活の土台となる住居について不安なく生活していただくための制度を整えています。 ■健康管理 　社員の健康増進のために、人間ドック受診料の補助等の各種制度を用意しています。 ■財産形成 　結婚や住宅取得などのライフプランにあわせて、財産形成をバックアップする制度があります。給与やボーナスから貯蓄ができる「銀行提携預金」や「財形貯蓄制度」のほか、社員の住宅取得を促進するための融資制度も用意しています。

福利厚生	■共済会 相互扶助の精神に基づいて、結婚祝いや万一の場合の弔慰金、傷病見舞金などの各種給付を行うほか、フィットネスクラブなどを割引料金で利用できる制度があります。 ■制度 厚生年金保険、健康保険、雇用保険、労災保険、財形貯蓄制度、持家融資制度、住宅取得に対する利子補給制度、社員持株制度などがあります。
教育制度	新入社員研修、安全研修、階層別研修、営業・財務等のエキスパート育成プログラム、次世代経営者育成プログラム、自主参加型ビジネススキルアップ研修、通信研修、国内大学留学、海外大学留学、資格取得支援制度　等
採用実績校	全国の国公私立大学，高等専門学校，専門学校，短期大学および海外大学
採用学部・学科	全職種とも全学部全学科

✔ 採用の流れ （出典：東洋経済新報社『就職四季報』）

エントリーの時期	【総・技】3月〜3月 〈プロフェッショナル〉3月〜
採用プロセス	【総・技】ES提出（3月）→Webテスト・書類選考→筆記・面接（6月〜）→内々定 〈プロフェッショナル〉ES提出（3〜4月）→書類選考・Webテスト→筆記・面接（6月〜）→内々定
採用実績数	2024年：約840名採用予定

✔2023年の重要ニュース (出典：日本経済新聞)

■ JR西日本、東広島で公道での自動運転BRT実験（11/7）

　JR西日本や広島県東広島市などは7日、同市内の公道で自動運転によるバス高速輸送システム（BRT）の実証実験を始めた。JR西条駅と広島大学東広島キャンパスを結ぶ1周12キロメートルのコースを走る。初日は手動運転で道路状況の確認やデータの採取などを行った。2024年2月上旬まで実施し、将来の本格導入を目指す。

　JR西はバスを隊列走行させ、大量輸送を実現するBRTの実験を滋賀県のテストコースで進めてきた。先頭の車両のみに乗務員が乗り、車同士で通信をすることで、車間距離を保って走る後続車両は無人にすることを目指している。

　今回は初めての公道での実験。先頭を103人乗りの連節バスが走り、32人乗りの大型バスが15メートルの車間距離を空けて続く形で走った。初日はすべて手動だったが、早ければ8日にも自動運転を一部区間で実施する。自動運転はアクセルやブレーキ、ハンドル操作をシステムが実行する「レベル2」。年内は乗客を乗せずに走行し、24年1月中旬～2月上旬には試乗会も実施する。

　JR西は今回の実験を通じ、東広島市のほか、ある程度の輸送需要がある大都市や中規模都市での実用化を目指す考えだ。

■ JR西日本、中途採用の年収水準引き上げ　7月から（6/1）

　JR西日本は5月31日、7月から鉄道車両の運転や整備などを担当する中途採用職員の年収水準を引き上げると発表した。鉄道に関連しない職業で30年の社会人経験がある人の場合、採用時の年収を340万円以上から560万円以上に、最低で220万円程度増やす。

　JR西ではこれまで、鉄道運行の現場では専門性を重視して、主に他の鉄道会社で勤務した経験のある人を中途採用していた。中途採用が活発になり、鉄道運行の業務も複雑化するなかで、多様な職歴の人材を採用して、新しいアイデアを取り入れる狙いもあるという。

　JR西は2024年度に840人の新卒採用を計画する一方、23年度中に550人の社会人採用を計画している。JR西の有価証券報告書によると22年3月時点の従業員の平均年齢は38.1歳で平均年収は566万円だった。

■ JR西日本、新幹線の電力に再エネ　27年度までに1割代替（5/19）

JR 西日本は 19 日、新幹線の運行に必要な電力に再生可能エネルギーを導入すると発表した。2027 年度までに 1 割を主に太陽光発電由来の電力に置き換える。新幹線の動力に再エネを活用するのは初めてだという。新幹線の二酸化炭素（CO2）排出削減を進め、バイオ燃料の導入を進める航空機との輸送競争にも生かしたい考えだ。

　山陽・北陸新幹線に加え、大阪環状線とゆめ咲線（桜島線）でも再エネを活用する。2 つの在来線では 25 年度までに 60%、27 年度までに 100% の導入を目指す。JR 西は新幹線と在来線への再エネ導入で年間 9.1 万トンの CO2 削減効果があると試算する。

　JR 西は自社の直接の排出量を示す「スコープ 1」と、電力使用などに伴う間接の排出量を示す「スコープ 2」をあわせたグループ全体の CO2 排出量を 30 年度までに 13 年度比で 50% 削減する方針だ。事業の柱である鉄道輸送に伴う排出削減を急ぐ。

　再エネ導入などで年間約 20 億円のコスト増を見込む。長谷川一明社長は記者会見で「持続可能な社会を実現するために必要な費用だ。（CO2 排出量の多い輸送手段から環境負荷の低い鉄道などに切り替える）モーダルシフトの進展にも期待している」と強調した。

■ JR 西日本が安全計画　大雪立ち往生受け「現場判断最優先」（3/22）

　JR 西日本は 22 日、2023 年度から 5 年間の安全対策の指針として「鉄道安全考動計画」を改定し、発表した。1 月に大雪で列車の立ち往生が相次いだ問題について、臨機応変な対応ができなかった教訓を踏まえ「現場の判断を最優先するマネジメントの確立」を掲げた。

　記者会見した中村圭二郎副社長は大雪の際の対応を振り返り、「（乗客の降車などを求める）現場第一線の社員の意見を生かせなかった」と言及。トラブル発生時に現場の報告をとりまとめ、整理する担当者を置く運用に改めたといい、「実践的な訓練を積み重ねる」と述べた。

　JR 西は 05 年 4 月の福知山線脱線事故を教訓に 5 年単位の指針を定めており、ハード・ソフトの両面から鉄道事業の安全性向上を目指している。

　このほか、地震の対策として山陽新幹線の車両が脱線したときにレールから大幅に外れたり、横転したりしないようにする「逸脱防止ガード」の整備や橋脚の補強も行うと明記した。

✔2022年の重要ニュース （出典：日本経済新聞）

■ JR西日本、支社の管理部門を統合へ　中国地方で（1/12）

　JR西日本は広島市と岡山市、鳥取県米子市にある支社の管理系の部署を統合する。広島市に新たに「中国統括本部」を設け、3支社の管理系の機能を集約する。それぞれの支社には鉄道の運行に関わる部署などは残す。新型コロナウイルス禍の外出自粛で業績が悪化するなか、将来の人員削減につなげる。

　労働組合に対し、秋にも組織を改編する案を提示した。和歌山市と京都府福知山市にある支社の管理系の部門も大阪市にある近畿統括本部に集約する。管理業務の効率を高め、採用抑制などで人件費を削減する考えだ。

　JR西は2022年3月期に最大で1165億円の連結最終赤字を見込む。固定費の削減に向け組織改編を進めており、本社では業務効率化などで400人を減らしている。

■ JR西日本、23年春の新卒採用3.8倍　駅係員など募集再開（3/1）

　JR西日本は1日、2023年4月に入社する新卒の採用計画を500人と発表した。新型コロナウイルス禍で22年春は駅係員や乗務員の募集を中止しており、再開に伴い採用数は3.8倍となる。コロナ禍前の20年春は570人で、当時の9割弱の水準となる。

　22年春の新卒採用計画はコロナ禍の経営難と列車本数の見直しなどにより、130人に絞っていた。21年春は当初700人を予定し、550人に減らしていた。

　22年度からデジタル人材の中途採用を始める。スマートフォンで使え23年春に開始予定の「モバイルICOCA」の開発や顧客データ分析などにあてる。

■ JR西日本、大阪―神戸など10〜40円値上げ　23年4月（3/29）

　JR西日本は29日、大阪―神戸間など34区間の普通運賃を2023年4月1日から10〜40円値上げすると発表した。値上げは消費増税に伴うものを除くと1987年の民営化以来初めて。年間10億円程度の増収効果を見込む。新型コロナウイルスの影響で鉄道利用の回復が見通せないなか、価格見直しに踏み切る。

　対象は並行する私鉄より運賃が安い区間が中心だ。大阪―神戸間は40円高い450円、天王寺―和歌山間では20円高い890円となる。対象区間は通勤定期の料金も上げる。

これとは別に、23年4月から65区間について6カ月の通勤定期を平均約1割上げることも発表した。大阪―京都間は4540円高い8万5320円となる。1カ月と3カ月の通勤定期と通常の運賃は値上げしない。6カ月の通学定期の料金も据え置く。

JR西日本は競合する他の交通手段に対抗するため315区間を割安に設定している。営業本部の真鍋登志郎副本部長は同日、「他社と同程度の水準に戻す」と説明した。

在宅勤務の定着などで鉄道利用はコロナ前の9割までしか戻らないとみて、値上げが必要と判断した。同社は22年3月期の連結最終損益が最大で1165億円の赤字と、2期連続の最終赤字を見込んでいる。

■ JR西日本、ローカル17路線の年間赤字248億円(4/11)

JR西日本は11日、利用客が少ない17路線のローカル線の2017～19年度の営業赤字が年間平均で約248億円だったと公表した。同社が路線別の収支を公表するのは初めて。コロナ禍で経営が厳しくなるなか、ローカル線の採算を示すことで、路線の存廃議論を進めたい考えだ。ただ、地元自治体の反発は強く、先行きは見通せない。

路線1km当たりの1日の平均利用者数（輸送密度）が2000人未満の17路線30区間の収支を発表した。30区間の運輸収入の合計は17～19年度の平均で年約43億円で、人件費や運行コストなどの営業費用は約291億円、差し引いた営業損益は約248億円の赤字だった。JR西日本の19年度の連結売上高は1兆5082億円、営業損益は1606億円の黒字だった。全体の売り上げの1％に満たない不採算区間が、都市部の路線で稼いだ利益を押し下げている構図だ。

JR西日本が区間別の収支を公表したのは、「適切に情報を開示することで、自治体との認識のギャップを埋めていく」（長谷川一明社長）ためだ。コロナ禍で20年度の連結売上高は8981億円と前年度から4割減り、営業損益は2455億円の赤字と、1987年の民営化後で初の赤字となった。21年度の営業損益は940億～1290億円の赤字を予想する。コロナ禍で鉄道利用が大きく落ち込む前の17～19年度のローカル線の実績を示すことで自治体と路線存廃の議論を進めたい考えだ。

JR西日本は11日に18～20年度の年間の営業損益も公表した。17路線、30区間の運輸収入は年間平均で約35億円、営業損益は約251億円の赤字だった。コロナ禍でローカル線の収支はさらに悪化している。

✔2021年の重要ニュース (出典：日本経済新聞)

■年末年始の利用70％減　航空も大幅低迷（1/6）

　新型コロナウイルスの感染拡大が続く中、関西の鉄道や航空で年末年始の利用が大幅に落ち込んでいる。JR西日本は6日、年末年始（2020年12月25日〜21年1月5日）の山陽・北陸新幹線と特急の利用者数が104万4千人と、前年の同時期に比べて70％減ったと発表した。1987年の民営化以来過去最低となった。

　JR西では下りのピークは20年12月26日で6万4千人だった。前売り段階で見込んでいた29〜31日より早まった。「『Go To トラベル』事業の停止に関連してキャンセルが出たのではないか」（JR西の柴崎恒太郎担当課長）という。

　関西の大手私鉄5社（阪急電鉄、阪神電気鉄道、近畿日本鉄道、京阪電気鉄道、南海電気鉄道）でも利用が大きく落ち込んだ。20年12月31日〜21年1月3日の定期券を使わない利用者は合計で約494万人と53％減った。外出自粛に加え、各社が大みそかの終夜運転を取りやめたことも響いた。

　空の便も低調だ。年末年始（20年12月25日〜21年1月3日）に関西国際、大阪国際（伊丹）、神戸の3空港を発着する全日本空輸の国内線旅客数は、57％減の15万7277人だった。日本航空は関空と伊丹を発着する国内線で62％減の9万6304人、格安航空会社（LCC）のピーチ・アビエーションは関空発着で54％少ない3万8465人だった。

　関空発着の国際線は国家間の移動が制限されたため、日航で97％減の509人、ピーチで99％減の47人にとどまった。全日空は全便運休していたため、公表データがない。

■ JR西日本、新卒採用8割減　2022年春計画（3/1）

　JR西日本は1日、2022年4月入社の新卒採用の人数を21年比で約8割減の約130人にすると発表した。21年4月入社の新卒採用は当初の計画より150人減らして550人としているが、22年はさらに抑制する。

　駅係員や乗務員の募集はとりやめる。とりやめは募集を始めた1993年以来初めて。新型コロナウイルスの感染拡大により厳しい経営状況が続く中、採用を絞り込む。

■兵庫・加古川に物流施設 非鉄道事業を強化（4/5）

　JR西日本は5日、兵庫県加古川市内で物流施設の建設工事を始めたと発表した。2022年5月に完成の予定。新型コロナウイルス感染拡大の影響で運輸業を中心に収益が落ち込んでおり、非鉄道事業を強化する。

　傘下のJR西日本不動産開発（大阪市）が手掛ける施設は地上4階建てで、最大6テナントが入居できる。テナントが施設を運営し、JR西日本不動産開発は賃料を得る。投資額は非公表。グループではほかに、JR西日本プロパティーズ（東京・港）が神戸市内で物流施設の賃貸をしている。

　JR西は30年に鉄道事業と非鉄道事業の売上高を半分ずつとする目標を掲げている。新型コロナ禍でホテルや旅行など鉄道の利用と関連の大きい事業が打撃を受ける中、物流施設や賃貸オフィスなど鉄道とのつながりが薄い分野への進出を進める。

■山陽新幹線の貨物輸送を本格化 法人向け（11/1）

　JR西日本は1日、山陽新幹線を使った貨物輸送サービスを法人向けに本格的に始めたと発表した。車内販売の準備スペースなどを活用し、旅客と貨物を同時に輸送する。新型コロナウイルス感染拡大で鉄道の利用が低迷するなか、新しい収益源を探る。

　まずは新聞や海産物を輸送する。博多から大阪までトラックで運ぶと10時間以上かかっていたが、新幹線を使うと当日中に配送できるようになる。要望があれば京阪神と鳥取を結ぶ「特急スーパーはくと」など在来線特急の空きスペースも利用する。

　JR西は福山通運や佐川急便などと共同で新幹線を使った貨物輸送の実証実験をしてきた。コロナ禍による外出自粛で10月1〜21日の中長距離の運輸収入は19年比5割ほどにとどまっており、空いた車両を活用する。

■ JR西日本、一時帰休を12月末まで延長（11/18）

　JR西日本は18日、社員を一時的に休ませる一時帰休を12月末まで延長すると発表した。新型コロナウイルスのワクチン接種が進むなか、鉄道の運輸収入は回復し始めたがコロナ禍前と比べると落ち込みが続くため。対象は病院勤務や新幹線鉄道事業本部を除く社員。現在は病院勤務以外の社員を対象に1日あたり約1000人規模で実施しているが、年末年始にかけて新幹線の臨時列車を増やすことから、12月からは約800人規模とする予定だ。

運輸 運転士 2023年度採用

エントリーシート

・形式：採用ホームページから記入
・内容：志望動機，長所短所，学生時代に力を入れたこととそこで学んだこと

セミナー

・選考とは無関係
・服装：リクルートスーツ
・内容：業務内容の説明

筆記試験

・形式：Webテスト
・科目：数学、算数／国語、漢字／性格テスト／クレペリン
・内容：SPI、性格検査、クレペリン

面接（個人・集団）

・雰囲気：圧迫
・回数：2回
・質問内容：志望動機，運転士とはどのような仕事か，規則・時間・身だしなみを守らないといけない理由，学力、コロナで変わったこと学んだこと，長所短所，バイトについて

内定

・拘束や指示：他の企業の内々定を辞退
・通知方法：電話
・タイミング：予定より早い

● その他受験者からのアドバイス

・最終面接から内々定の連絡までがとても早い

身だしなみ，本当に行きたい企業に対する尊敬の念を抱くことは必須。それさえしておけば最終面接まではいけます。

プロフェッショナル職（運輸）2020卒

エントリーシート
・形式：採用ホームページから記入
・内容：志望動機，学生時代に力を入れたこと，自分の長所と短所など

セミナー
・選考とは無関係
・服装：リクルートスーツ
・内容：業務説明など，社員の方々が楽しそうに仕事している印象

筆記試験
・形式：マークシート
・科目：クレペリン，鉄道総研，英語，数学／算数，国語／漢字，その他

面接（個人・集団）
・雰囲気：圧迫
・回数：2回
・質問内容：学生時代に一番印象に残った出来事，そこから学んだこと。何故西日本旅客鉄道は服装やルールに厳しいのか。西日本旅客鉄道の鉄道事業について知っていること。志望する職種の志望内容。どのような社員になりたいか

内定
・拘束や指示：他社選考を辞退
・通知方法：電話
・タイミング：予定より早い

● その他受験者からのアドバイス
・最終面接から採用までがあっという間
・2次マッチングから最終マッチングの案内まで半年以上

安全について何かしら自分の意見を持ち，聞かれて
もすぐ答えられるように。早め早めに動いておくこ
とをオススメします

プロフェッショナル職 2020卒

エントリーシート
・形式：採用ホームページから記入
・内容：志望動機，学生時代に力を入れたこと，自分の長所と短所など

セミナー
・選考とは無関係
・服装：リクルートスーツ
・内容：業界説明，鉄道運行での仕事内容。社員の方のお話。2時間程度

筆記試験
・形式：マークシート
・科目：SPI（数学/算数，国語/漢字，クレペリン）

面接（個人・集団）
・雰囲気：和やか
・回数：2回
・質問内容：（二次面接）JR西日本の知っている事・駅員に必要なもの・自分の短所，短所を克服するためにしている事。（最終面接）駅務志望だが運転士になっても大丈夫か・ESの内容について・その他に頑張ったこと・アルバイト，JR西日本はなぜルールが厳しいか・だらしない駅員がいたらどう思うか

内定
・拘束や指示：他社の内々定辞退
・通知方法：電話
・タイミング：予定通り

● その他受験者からのアドバイス
・業界研究はしっかりしておく
・面接官の方が「リラックスして話してくださいね」と言ってくださり，自分の伝えたいことも，質問に対する答えもしっかり伝えることができた
・一番最後の人とか後ろの方の人は，待ち時間がすごく長かった

話の筋がしっかり通っているか，本当にこの会社に入りたいのかを見られているので，自信をもってはきはきと話すことが大事だと思います

プロフェッショナル職（運輸）2020卒

エントリーシート

・形式：採用ホームページから記入
・内容：志望動機，学生時代に頑張ったこと，自分の長所と短所

セミナー

・服装：リクルートスーツ
・内容：和やかな雰囲気だった。職種別の説明や，社員の生の声が聞けた。個別に質問もできる

筆記試験

・形式：Webテスト，マークシート，その他
・科目：性格テスト／クレペリン／一般教養・知識一般教養・知識
・Webテストは性格テストと数学，筆記試験はクレペリン検査と運転適性検査とSPI。筆記テストの内容は中学生レベルの基本的な問題

面接（個人・集団）

・回数：2回
・質問内容：自己紹介，志望動機，自己PR，JR西日本について知っていること，仲間と協力して成し遂げた経験，他に受けている企業，入社意思の確認
・和やかな雰囲気だった

内定

・拘束や指示：就職活動を終えることを条件に内々定を出すと言われた

● その他受験者からのアドバイス

・自分のやりたいことをしっかり言うことができればよいと思う

逆質問の質が重要だと感じたので，ニュースリリースを読み込むとよいと思います

総合職（技術系）2020卒

エントリーシート

・形式：採用ホームページから記入
・内容：志望動機，学生時代に力を入れたこと，自己PR

セミナー

・選考とは無関係
・服装：リクルートスーツ
・内容：企業紹介。ここで会う社員がリクルーターとなる

筆記試験

・形式：Webテスト
・内容：玉手箱
・科目：数学，算数／国語，漢字

面接（個人・集団）

・回数：4回
・質問内容：リクルーター面談3回の後本社での最終面接。なぜJR西日本なのか，同業他社との違いを聞かれる

内定

・拘束や指示：推薦状を提出するよう言われた
・通知方法：電話

● その他受験者からのアドバイス

・リクルーターの対応が手厚い，選考フローは人によって違う

説明会に来る社員の中にはリクルーターになる方もいるので，印象に残るような姿勢を見せることもプラスに働く可能性があります

総合職（事務系） 2019卒

エントリーシート
・提出方法：マイページ上
・内容：結果通知時期は，2週間以内。結果通知方法は，電話で

セミナー
・内容：所要時間は，2時間。全体の説明会→系統ごとに座談会×3

筆記試験
・形式：玉手箱
・科目：言語，非言語，性格検査

面接（個人・集団）
・質問内容：学生時代に最も力を入れて取り組んだことについて，取り組んだことの中で困難だったことやそれを乗り越えた経験について，志望動機について，JR西日本に入社したらやってみたいこと，その理由

内定
・拘束や指示：承諾検討期間は，その場で
・タイミング：内定時期は，5月下旬

◉ その他受験者からのアドバイス
・課長級面接だが，飲み物も出されて和やかな雰囲気の中進められた。ここが大きな関門になるという話だったので，3回のリクルーター面談の振り返りを行い，志望動機ややりたいことの論理構成などを練り直して臨んだ。

企業研究，自己分析をしっかりと行うことが内定の決め手です。頑張って下さい

プロフェッショナル職 2018卒

エントリーシート

・形式：サイトからダウンロードした用紙に手で記入
・内容：志望動機，長所・短所を含めたセールスポイント，学生時代に力を入れて取り組んだこと

セミナー

・選考とは無関係
・服装：リクルートスーツ
・内容：社風が社風のため，少し硬い雰囲気だったが，1人1人が丁寧に対応してくれた

筆記試験

・形式：マークシート／記述式／Webテスト
・科目：数学，算数／国語，漢字／クレペリン。内容は，筆記試験は中学から高校レベルの問題

面接（個人・集団）

・質問内容：JR西日本の事業内容について知っていること，学生時代にチームワークで成し遂げたこと，自分の強み，どういった気持ちで運転士業務にあたりたいと考えているか

内定

・通知方法：電話
・タイミング：予定より早い

● その他受験者からのアドバイス

・自己分析をしっかりしていないと，少し面接がしんどいと思う。
・社風が社風なので，奇抜さ面白さよりも，この人に命を任せられるという真面目な人を採用しようという傾向があると感じた。

やりたいことを明確に示して下さい。熱意をもって臨めば，きっと報われます

技術職 2018卒

エントリーシート

・形式：サイトからダウンロードした用紙に手で記入
・内容：志望動機，学生時代頑張ったこと，自己PR

セミナー

・選考とは無関係
・服装：きれいめの服装

筆記試験

・形式：マークシート／Webテスト
・科目：数学，算数／国語，漢字／クレペリン

面接（個人・集団）

・雰囲気：普通
・回数：2回
・質問内容：志望動機，やりたいこと，挫折した経験とどう乗り越えたか，ルールについてどう思うか

内定

・拘束や指示：就職活動を終えること
・通知方法：電話
・タイミング：予定より早い

鉄道業界に限ったアドバイスですが,「好き」や「詳しい」を前面に出すと必ず落ちます。知識は必要だけど,あえて出さないのも受かるコツだと思います

プロフェッショナル職 2018卒

エントリーシート

・内容：特技，趣味，資格，免許，志望理由，長所短所を含めて，自分のセールスポイントを自由に記入

セミナー

・選考とは無関係
・服装：リクルートスーツ
・内容：懇親会と言いつつも堅い雰囲気

筆記試験

・形式：マークシート
・科目：一般教養知識／クレペリン，内容は，クレペリン，GAB

面接（個人・集団）

・質問内容：鉄道業について知ってること，どんな思いで仕事をするか，周りの人にどんな人と言われる，エピソード，JRで改善してほしいところ

内定

・拘束や指示：他社の辞退を指示される。期限は電話の翌日
・通知方法：電話

● その他受験者からのアドバイス

・選考がトントン拍子に進んだ。面接が始まってから内定まで早かった。
・落ちても引きずらないこと！落ちるのは企業との相性が悪かっただけ。決してあなたに魅力がないわけではありません。引きずってると受かるはずの会社も落ちちゃうよ。
・ほどよく息抜きして，後悔しないように精一杯頑張ってください。

企業研究をじっくりと行い，どういう業務内容かを理解した上で過去の自分の行動や経験が具体的にどこでどのように生かせるのか説明できるようにしておきましょう

プロフェッショナル運輸 2017卒

エントリーシート

・形式：採用ホームページから用紙をダウンロードし手書きで記入
・内容：志望動機，自分のセールスポイント（長所短所を含めて），学生生活で特に力を入れて取り組んだこととそこから学んだこと

セミナー

・選考とは無関係

筆記試験

・形式：マークシート／Webテスト／その他
・科目：数学，算数／国語，漢字／性格テスト／クレペリン／その他。内容は，1次選考→WEBテスト 国語 数学 性格検査

面接（個人・集団）

・質問内容：JR西日本について知っていること，周囲と協働した経験，これだけは誰にも負けないと思うこと，希望職種でどんな仕事がしたいか

内定

・拘束や指示：他社選考及び内定の辞退を前提に内々定
・通知方法：電話

✔ 有価証券報告書の読み方

01 部分的に読み解くことからスタートしよう

　「有価証券報告書（以下，有報）」という名前を聞いたことがある人も少なくはないだろう。しかし，実際に中身を見たことがある人は決して多くはないのではないだろうか。有報とは上場企業が年に1度作成する，企業内容に関する開示資料のことをいう。開示項目には決算情報や事業内容について，従業員の状況等について記載されており，誰でも自由に見ることができる。

　一般的に有報は，証券会社や銀行の職員，または投資家などがこれを読み込み，その後の戦略を立てるのに活用しているイメージだろう。その認識は間違いではないが，だからといって就活に役に立たないというわけではない。就活を有利に進める上で，お得な情報がふんだんに含まれているのだ。ではどの部分が役に立つのか，実際に解説していく。

■有価証券報告書の開示内容
　では実際に，有報の開示内容を見てみよう。

有価証券報告書の開示内容

第一部【企業情報】
　第1　【企業の概況】
　第2　【事業の状況】
　第3　【設備の状況】
　第4　【提出会社の状況】
　第5　【経理の状況】
　第6　【提出会社の株式事務の概要】
　第7　【提出会社の状参考情報】
第二部【提出会社の保証会社等の情報】
　第1　【保証会社情報】
　第2　【保証会社以外の会社の情報】
　第3　【指数等の情報】

有報は記載項目が統一されているため，どの会社に関しても同じ内容で書かれている。このうち就活において必要な情報が記載されているのは，第一部の第1【企業の概況】〜第5【経理の状況】まで，それ以降は無視してしまってかまわない。

02 企業の概況の注目ポイント

　第1【企業の概況】には役立つ情報が満載。そんな中，最初に注目したいのは，冒頭に記載されている【主要な経営指標等の推移】の表だ。

回次		第25期	第26期	第27期	第28期	第29期
決算年月		平成24年3月	平成25年3月	平成26年3月	平成27年3月	平成28年3月
営業収益	（百万円）	2,532,173	2,671,822	2,702,916	2,756,165	2,867,199
経常利益	（百万円）	272,182	317,487	332,518	361,977	428,902
親会社株主に帰属する当期純利益	（百万円）	108,737	175,384	199,939	180,397	245,309
包括利益	（百万円）	109,304	197,739	214,632	229,292	217,419
純資産額	（百万円）	1,890,633	2,048,192	2,199,357	2,304,976	2,462,537
総資産額	（百万円）	7,060,409	7,223,204	7,428,303	7,605,690	7,789,762
1株当たり純資産額	（円）	4,738.51	5,135.76	5,529.40	5,818.19	6,232.40
1株当たり当期純利益	（円）	274.89	443.70	506.77	458.95	625.82
潜在株式調整後1株当たり当期純利益	（円）	—	—	—	—	—
自己資本比率	（％）	26.5	28.1	29.4	30.1	31.4
自己資本利益率	（％）	5.9	9.0	9.5	8.1	10.4
株価収益率	（倍）	19.0	17.4	15.0	21.0	15.5
営業活動によるキャッシュ・フロー	（百万円）	558,650	588,529	562,763	622,762	673,109
投資活動によるキャッシュ・フロー	（百万円）	△370,684	△465,951	△474,697	△476,844	△499,575
財務活動によるキャッシュ・フロー	（百万円）	△152,428	△101,151	△91,367	△86,636	△110,265
現金及び現金同等物の期末残高	（百万円）	167,525	189,262	186,057	245,170	307,809
従業員数[ほか，臨時従業員数]	（人）	71,729 [27,746]	73,017 [27,312]	73,551 [27,736]	73,329 [27,313]	73,053 [26,147]

　見慣れない単語が続くが，そう難しく考える必要はない。特に注意してほしいのが，**営業収益**，**経常利益**の二つ。営業収益とはいわゆる**総売上額**のことであり，これが企業の本業を指す。その営業収益から営業費用（営業費（販売費＋一般管理費）＋売上原価）を差し引いたものが**営業利益**となる。会社の業種はなんであれ，モノを顧客に販売した合計値が営業収益であり，その営業収益から人件費や家賃，広告宣伝費などを差し引いたものが営業利益と覚えておこう。対して経常利益は営業利益から本業以外の損益を差し引いたもの。いわゆる金利による収益や不動産収入などがこれにあたり，本業以外でその会社がどの程度の力をもっているかをはかる絶好の指標となる。

■**会社のアウトラインを知れる情報が続く。**

　この主要な経営指標の推移の表につづいて,「会社の沿革」,「事業の内容」,「関係会社の状況」,「従業員の状況」などが記載されている。自分が試験を受ける企業のことを, より深く知っておくにこしたことはない。会社がどのように発展してきたのか, 主としている事業はどのようなものがあるのか, 従業員数や平均年齢はどれくらいなのか, 志望動機などを作成する際に役立ててほしい。

03　事業の状況の注目ポイント

　第2となる【事業の状況】において, 最重要となるのは**業績等の概要**といえる。ここでは1年間における収益の増減の理由が文章で記載されている。「○○という商品が好調に推移したため, 売上高は△△になりました」といった情報が, 比較的易しい文章で書かれている。もちろん, 損失が出た場合に関しても包み隠さず記載してあるので, その会社の1年間の動向を知るための格好の資料となる。

　また, 業績については各事業ごとに細かく別れて記載してある。例えば鉄道会社ならば, ①運輸業, ②駅スペース活用事業, ③ショッピング・オフィス事業, ④その他といった具合だ。**どのサービス・商品がどの程度の売上を出したのか,** 会社の持つ展望として, 今後**どの事業をより活性化**していくつもりなのか, などを意識しながら読み進めるとよいだろう。

■「対処すべき課題」と「事業等のリスク」

　業績等の概要と同様に重要となるのが,「**対処すべき課題**」と「**事業等のリスク**」の2項目といえる。ここで読み解きたいのは, その会社の**今後の伸びしろ**について。いま, 会社はどのような状況にあって, どのような課題を抱えているのか。また, その課題に対して取られている対策の具体的な内容などから経営方針などを読み解くことができる。リスクに関しては法改正や安全面, 他の企業の参入状況など, 会社にとって決してプラスとは言えない情報もつつみ隠さず記載してある。客観的にその会社を再評価する意味でも, ぜひ目を通していただきたい。

　次代を担う就活生にとって, ここの情報はアピールポイントとして組み立てやすい。「新事業の○○の発展に際して……」,「御社が抱える●●というリスクに対して……」などという発言を面接時にできれば, 面接官の心証も変わってくるはずだ。

　最後に注目したいのが，第5【経理の状況】だ。ここでは，簡単にいえば【主要な経営指標等の推移】の表をより細分化した表が多く記載されている。ここの情報をすべて理解するのは，簿記の知識がないと難しい。しかし，そういった知識があまりなくても，読み解ける情報は数多くある。例えば**損益計算書**などがそれに当たる。

連結損益計算書

（単位：百万円）

	前連結会計年度 (自 平成26年4月1日 至 平成27年3月31日)	当連結会計年度 (自 平成27年4月1日 至 平成28年3月31日)
営業収益	2,756,165	2,867,199
営業費		
運輸業等営業費及び売上原価	1,806,181	1,841,025
販売費及び一般管理費	※1 522,462	※1 538,352
営業費合計	2,328,643	2,379,378
営業利益	427,521	487,821
営業外収益		
受取利息	152	214
受取配当金	3,602	3,703
物品売却益	1,438	998
受取保険金及び配当金	8,203	10,067
持分法による投資利益	3,134	2,565
雑収入	4,326	4,067
営業外収益合計	20,858	21,616
営業外費用		
支払利息	81,961	76,332
物品売却損	350	294
雑支出	4,090	3,908
営業外費用合計	86,403	80,535
経常利益	361,977	428,902
特別利益		
固定資産売却益	※4 1,211	※4 838
工事負担金等受入額	※5 59,205	※5 24,487
投資有価証券売却益	1,269	4,473
その他	5,016	6,921
特別利益合計	66,703	36,721
特別損失		
固定資産売却損	※6 2,088	※6 1,102
固定資産除却損	※7 3,957	※7 5,105
工事負担金等圧縮額	※8 54,253	※8 18,346
減損損失	※9 12,738	※9 12,297
耐震補強重点対策関連費用	8,906	10,288
災害損失引当金繰入額	1,306	25,085
その他	30,128	8,537
特別損失合計	113,379	80,763
税金等調整前当期純利益	315,300	384,860
法人税、住民税及び事業税	107,540	128,972
法人税等調整額	26,202	9,326
法人税等合計	133,742	138,298
当期純利益	181,558	246,561
非支配株主に帰属する当期純利益	1,160	1,251
親会社株主に帰属する当期純利益	180,397	245,309

　主要な経営指標等の推移で記載されていた**経常利益**の算出する上で必要な営業外収益などについて，詳細に記載されているので，一度目を通しておこう。
　いよいよ次ページからは実際の有報が記載されている。ここで得た情報をもとに有報を確実に読み解き，就職活動を有利に進めよう。

✔ 有価証券報告書

企業の概況

1 主要な経営指標等の推移

(1) 連結経営指標等 ·····································

回次	第32期	第33期	第34期	第35期	第36期
決算年月	2019年3月	2020年3月	2021年3月	2022年3月	2023年3月
営業収益	百万円 1,529,308	1,508,201	920,046	1,031,103	1,395,531
経常利益又は経常損失（△）	百万円 183,323	148,353	△257,330	△121,047	73,619
親会社株主に帰属する当期純利益又は親会社株主に帰属する当期純損失（△）	百万円 102,750	89,380	△233,166	△113,198	88,528
包括利益	百万円 104,817	87,050	△240,416	△112,226	95,996
純資産額	百万円 1,179,861	1,223,106	956,256	1,074,211	1,144,309
総資産額	百万円 3,237,596	3,275,257	3,477,382	3,702,421	3,735,507
1株当たり純資産額	円 5,612.63	5,847.27	4,461.46	3,973.15	4,245.13
1株当たり当期純利益又は1株当たり当期純損失（△）	円 533.31	466.88	△1,219.46	△516.06	363.26
潜在株式調整後1株当たり当期純利益	円 −	−	−	−	−
自己資本比率	% 33.3	34.1	24.5	26.2	27.7
自己資本利益率	% 9.8	8.1	−	−	8.8
株価収益率	倍 15.6	15.8	−	−	15.0
営業活動によるキャッシュ・フロー	百万円 289,728	240,152	△103,295	△86,468	273,964
投資活動によるキャッシュ・フロー	百万円 △247,420	△268,657	△211,692	△188,711	△214,902
財務活動によるキャッシュ・フロー	百万円 △7,174	△29,167	446,749	384,685	△88,765
現金及び現金同等物の期末残高	百万円 136,581	78,283	210,045	319,596	289,893
従業員数 （外数：平均臨時雇用人員数）	人 47,842 (12,278)	48,323 (12,617)	47,984 (12,130)	46,779 (10,509)	44,897 (10,278)

(注) 1　1株当たり純資産額及び1株当たり当期純利益又は1株当たり当期純損失については，表示単位未満の端数を四捨五入して表示しております。

2　各期連結子会社数及び持分法適用関連会社数は次のとおりであります。

(point) **主要な経営指標等の推移**

　　数年分の経営指標の推移がコンパクトにまとめられている。見るべき箇所は連結の売上，利益，株主資本比率の3つ。売上と利益は順調に右肩上がりに伸びているか，逆に利益で赤字が続いていたりしないかをチェックする。株主資本比率が高いとリーマンショックなど景気が悪化したときなどでも経営が傾かないという安心感がある。

回次	第32期	第33期	第34期	第35期	第36期
連結子会社数	64	64	64	61	60
持分法適用関連会社数	5	5	5	5	5

3 第32期，第33期及び第36期の潜在株式調整後1株当たり当期純利益については，潜在株式がないため記載しておりません。第34期及び第35期の潜在株式調整後1株当たり当期純利益については，1株当たり当期純損失であり，また，潜在株式がないため記載しておりません。

4 第34期及び第35期の自己資本利益率及び株価収益率については，親会社株主に帰属する当期純損失であるため記載しておりません。

5 「収益認識に関する会計基準」（企業会計基準第29号　2020年3月31日）等を第35期の期首から適用しており，第34期に係る主要な経営指標等については，当該会計基準等を遡って適用した後の指標等となっております。

（2） 提出会社の経営指標等 ･･･

回次	第32期	第33期	第34期	第35期	第36期
決算年月	2019年3月	2020年3月	2021年3月	2022年3月	2023年3月
営業収益	百万円 980,906	961,905	506,840	577,627	791,279
経常利益又は経常損失（△）	百万円 136,489	106,953	△250,779	△138,290	27,492
当期純利益又は 当期純損失（△）	百万円 80,613	73,596	△217,324	△121,605	59,437
資本金	百万円 100,000	100,000	100,000	226,136	226,136
発行済株式総数	株 192,481,400	191,334,500	191,334,500	244,001,600	244,001,600
純資産額	百万円 799,779	823,966	580,205	688,478	724,443
総資産額	百万円 2,782,350	2,793,991	3,025,958	3,190,533	3,230,632
1株当たり純資産額	円 4,155.11	4,306.43	3,032.42	2,821.62	2,971.29
1株当たり配当額 （内数：1株当たり中間配当額）	円 175 (87.5)	182.5 (95)	100 (50)	100 (50)	125 (50)
1株当たり当期純利益又は 1株当たり当期純損失（△）	円 418.13	384.17	△1,135.84	△554.06	243.76
潜在株式調整後1株当たり 当期純利益	円 −	−	−	−	−
自己資本比率	％ 28.7	29.5	19.2	21.6	22.4
自己資本利益率	％ 10.3	9.1	−	−	8.4
株価収益率	倍 19.9	19.3	−	−	22.4
配当性向	％ 41.9	47.5			51.3
従業員数 （外数：平均臨時雇用人員数）	人 24,866 (3,466)	24,439 (3,869)	23,900 (4,233)	22,715 (4,372)	21,727 (4,275)
株主総利回り （比較指標：TOPIX(配当込)）	％ 114.6 (95.0)	104.3 (85.9)	88.7 (122.1)	76.0 (124.6)	82.6 (131.8)
最高株価	円 8,542	9,978	7,663	7,000	6,075
最低株価	円 7,213	5,861	4,410	4,588	4,606

（注）1　1株当たり純資産額及び1株当たり当期純利益又は1株当たり当期純損失については，表示単位未満の端数を四捨五入して表示しております。

　　　2　第32期，第33期及び第36期の潜在株式調整後1株当たり当期純利益については，潜在株式がないため記載しておりません。第34期及び第35期の潜在株式調整後1株当たり当期純利益については，1株当たり当期純損失であり，また，潜在株式がないため記載しておりません。

　　　3　第34期及び第35期の自己資本利益率，株価収益率及び配当性向については，当期純損失であるため記載しておりません。

　　　4　最高株価及び最低株価は2022年4月4日より東京証券取引所プライム市場におけるものであり，そ

🅟ⓞⓘⓝⓣ **減益時にも安定配当を継続**

　株主還元の実績を見ると，過去10年間に増配5回，減配なしという素晴らしい実績だ。配当金は，基本的に利益の増加とともに増加し，一方で利益減少時にも横ばいで，高い安定性を保っている。今後利益の拡大につれて，株主還元も増えていくだろう。

れ以前については東京証券取引所市場第一部におけるものであります。

5 「収益認識に関する会計基準」（企業会計基準第29号2020年3月31日）等を第35期の期首から適用
  しており，第34期に係る主要な経営指標等については，当該会計基準等を遡って適用した後の指
  標等となっております。

2 沿革

（1） 日本国有鉄道時代 ･･

年月	概要
1949年6月	・日本国有鉄道法に基づき，公共企業体として，日本国有鉄道（以下「国鉄」という。）が設立
1972年3月	・山陽新幹線「新大阪駅〜岡山駅」間（180.3km）の営業開始
1975年3月	・山陽新幹線「岡山駅〜博多駅」間（465.3km）の営業開始
1986年12月	・日本国有鉄道改革法（昭和61年法律第87号）等の国鉄改革関連8法公布
1987年4月	・日本国有鉄道法が廃止
同	・日本国有鉄道改革法により，北海道旅客鉄道株式会社，東日本旅客鉄道株式会社，東海旅客鉄道株式会社，西日本旅客鉄道株式会社，四国旅客鉄道株式会社及び九州旅客鉄道株式会社（以下「旅客会社」という。）並びに日本貨物鉄道株式会社（以下「貨物会社」という。）が設立。国鉄は日本国有鉄道清算事業団（現：独立行政法人鉄道建設・運輸施設整備支援機構）に移行

（2） 西日本旅客鉄道株式会社設立後 ･･･

年月	概要
1987年4月	・西日本旅客鉄道株式会社が設立
1987年7月	・信楽線（14.8km），岩日線（32.7km）を廃止
1987年10月	・和歌山支店（現：和歌山支社），福知山支店（現：福知山支社）を設置
同	・若桜線（19.2km）を廃止
1988年3月	・本四備讃線「茶屋町駅〜児島駅」間（12.9km）の営業開始
同	・能登線（61.1km）を廃止
1988年4月	・自動車事業を「西日本ジェイアールバス株式会社」（現：連結子会社）及び「中国ジェイアールバス株式会社」（現：連結子会社）に譲渡
同	・「ハートアンドアクション・フーズ株式会社」（現：株式会社ジェイアール西日本フードサービスネット）(現：連結子会社)及び「ハートアンドアクション・リーテイル株式会社」（現：株式会社ジェイアール西日本デイリーサービスネット）(現：連結子会社)を設立

point 沿革

どのように創業したかという経緯から現在までの会社の歴史を年表で知ることができ
る。過去に行った重要なM&Aなどがいつ行われたのか，ブランド名はいつから使わ
れているのか，いつ頃から海外進出を始めたのか，など確認することができて便利だ。

1988年10月	・福岡支社(現：新幹線鉄道事業本部の地方機関)を設置
1989年4月	・「株式会社ジェイアール西日本クリエイト」（現：JR西日本大阪開発株式会社）（現：連結子会社）を設立
1989年11月	・一般旅行業（運輸大臣登録第921号）の営業開始
1990年3月	・大社線(7.5km)，鍛冶屋線(13.2km)，宮津線(84.0km)を廃止
1990年4月	・博多南線「博多駅～博多南駅」間(8.5km)の営業開始
1990年10月	・「株式会社ジェイアール西日本ホテル開発」（現：連結子会社）を設立
1990年11月	・「嵯峨野観光鉄道株式会社」（現：連結子会社）を設立
1991年6月	・「ジェイアール西日本不動産株式会社」（現：JR西日本不動産開発株式会社）（現：連結子会社）を設立
1991年9月	・七尾線「和倉温泉駅～輪島駅」間(48.4km)の運営方式を第三種鉄道事業に変更
1991年10月	・山陽新幹線鉄道施設（車両を除く。）を新幹線鉄道保有機構（以下「保有機構」という。現：独立行政法人鉄道建設・運輸施設整備支援機構）から譲受け
1992年3月	・新本社屋完成，移転（大阪市北区）
1993年6月	・京都・大阪・神戸各支社を設置（現：近畿統括本部の地方機関）
1994年6月	・関西空港線「日根野駅～関西空港駅」間(11.1km)の営業開始
1995年4月	・1995年1月17日に発生した阪神・淡路大震災により不通となっていた東海道本線が4月1日に，山陽新幹線が4月8日にそれぞれ運転再開
1996年10月	・大阪（2013年7月16日に東京証券取引所と市場統合），東京，名古屋の各証券取引所市場第一部及び京都(2001年3月1日に大阪証券取引所と合併)，広島（2000年3月1日に東京証券取引所と合併），福岡の各証券取引所に株式上場
1997年3月	・JR東西線「京橋駅～尼崎駅」間(12.5km)の営業開始
2000年2月	・「西日本キヨスク株式会社」及び「株式会社ジェイアール西日本リーテックス」を合併（現：株式会社ジェイアール西日本デイリーサービスネット）（現：連結子会社）
同	・「株式会社ジェイアール　ウェスト　レストラン」及び「ジェイアール西日本フーズ株式会社」を合併（現：株式会社ジェイアール西日本フードサービスネット）（現：連結子会社）
同	・金沢，岡山，米子，広島，福岡エリアに株式会社ジェイアール西日本デイリーサービスネットの子会社を設立（現：連結子会社）
2001年10月	・旅行業（鉄道事業者固有の営業等を除く。）を「株式会社日本旅行」（現：連結子会社）に譲渡

(point) 2004年に完全民営化を達成

JR東日本の株が売却された後，2004年には国が保有するJR西日本の株式が全株売却され1987年に発足したJR西日本は名実ともに完全民営化された。これに先立って，2001年12月にJR3社はJR会社法の適用対象から除外となり，代表取締役の選任や定款変更，社債募集などに国土交通大臣の認可が必要とされる規制が撤廃されていた。

2001年12月	・旅客鉄道株式会社及び日本貨物鉄道株式会社に関する法律の一部を改正する法律（平成13年法律第61号）の施行により，旅客鉄道株式会社及び日本貨物鉄道株式会社に関する法律（昭和61年法律第88号）の適用対象から除外
2002年11月	・「ジェイアール西日本開発株式会社」及び「ジェイアール西日本不動産株式会社」を合併（現：JR西日本不動産開発株式会社）（現：連結子会社）
2002年12月	・「株式会社日本旅行」の第三者割当増資を引受け（連結子会社化）
2003年12月	・可部線「可部駅～三段峡駅」間（46.2km）を廃止
2004年3月	・独立行政法人鉄道建設・運輸施設整備支援機構保有の当社株式634,344株が売却され，完全民営化を達成
2005年1月	・「JR西日本SC開発株式会社」（現：連結子会社）及び「西日本電気テック株式会社」（現：連結子会社）を設立
2005年4月	・「JR西日本フィナンシャルマネジメント株式会社」（現：連結子会社）を設立
2006年3月	・富山港線（8.0km）を廃止
2006年7月	・「神戸ステーション開発株式会社」，「芦屋ステーションビル株式会社」及び「株式会社明石ステーション・センター」を合併（現：JR西日本アーバン開発株式会社）（現：連結子会社）
2007年4月	・「呉ステーション開発株式会社」及び「中国ステーション開発株式会社」を合併（現：中国SC開発株式会社）（現：連結子会社）
2007年7月	・新幹線管理本部（現：新幹線鉄道事業本部）を設置
2008年3月	・おおさか東線「放出駅～久宝寺駅」間（9.2km）の営業開始
2009年2月	・「JR西日本宮島フェリー株式会社」を設立（現：連結子会社）
2009年4月	・船舶事業を「JR西日本宮島フェリー株式会社」に譲渡
同	・「山陽ステーション開発株式会社」及び「株式会社岡山ステーションセンター」を合併（現：山陽SC開発株式会社）（現：連結子会社）
同	・「ジェイアール西日本ファイナンス株式会社」及び「ジェイアール西日本商事株式会社」を合併（現：ジェイアール西日本商事株式会社）（現：連結子会社）
2009年7月	・「株式会社駅レンタカー中国」及び「株式会社駅レンタカー関西」を合併（現：JR西日本レンタカー＆リース株式会社）（現：連結子会社）
2009年8月	・「株式会社JR西日本カスタマーリレーションズ」を設立（現：連結子会社）
2009年10月	・「新交工機株式会社」（現：株式会社JR西日本テクシア）が「株式会社ジェイアール西日本テクノス」（現：株式会社JR西日本テクノス）の事業の一部を承継（連結子会社化）
2010年4月	・「広島ステーションビル株式会社」及び「中国SC開発株式会社」を合併（現：中国SC開発株式会社）（現：連結子会社）

2010年12月	・近畿統括本部を設置
2011年7月	・「株式会社天王寺ステーションビルディング」及び「天王寺ターミナルビル株式会社」を合併（現：JR西日本SC開発株式会社）（現：連結子会社）
2013年7月	・「株式会社ジェイアールサービスネット米子」及び「山陰ステーション開発株式会社」を合併（現：JR西日本山陰開発株式会社）（現：連結子会社）
同	・「ジェイアール西日本不動産開発株式会社」及び「株式会社ジェイアール西日本福岡開発」を合併（現：JR西日本不動産開発株式会社）（現：連結子会社）
2014年4月	・「大鉄工業株式会社」及び同社の子会社である「株式会社ジェイアール西日本ビルト」を連結子会社化
2014年7月	・湖西線鉄道施設を独立行政法人鉄道建設・運輸施設整備支援機構から譲受け
2014年10月	・ゴルフ事業を「JR西日本ゴルフ株式会社」に吸収分割後，「株式会社アコーディア・ゴルフ」に譲渡
2015年3月	・北陸新幹線「上越妙高駅～金沢駅」間（168.6km）の営業開始，北陸本線「直江津駅～金沢駅」間（177.2km）を廃止
2015年4月	・「大阪ステーション開発株式会社」及び「株式会社ジェイアール西日本クリエイト」を合併（現：JR西日本大阪開発株式会社）（現：連結子会社）
2016年12月	・「株式会社JR西日本イノベーションズ」（現：連結子会社）を設立
2017年2月	・「菱重プロパティーズ株式会社」（現：JR西日本プロパティーズ株式会社）の株式を取得し，連結子会社化
2017年3月	・可部線「可部駅～あき亀山駅」間（1.6km）の営業開始
2018年4月	・三江線（108.1km）を廃止
2018年6月	・「新幹線管理本部」及び「新幹線管理本部福岡支社」を「新幹線鉄道事業本部」（本社組織）に組織改正
2019年3月	・おおさか東線「新大阪駅～放出駅」間（11.1km）の営業開始
2019年4月	・「株式会社奈良ホテル」及び「株式会社てつでん」を連結子会社化
2019年7月	・「JR西日本SC開発株式会社」及び「天王寺SC開発株式会社」を合併（現：JR西日本SC開発株式会社）（現：連結子会社）
2020年12月	・名古屋証券取引所市場第一部，福岡証券取引所への株式上場を廃止
2021年4月	・「株式会社JR西日本中国交通サービス」（現：連結子会社）を設立
2021年7月	・「株式会社JR西日本メンテック」及び「株式会社JR西日本福知山メンテック」を合併（現：株式会社JR西日本メンテック）（現：連結子会社）
同	「株式会社JR西日本岡山メンテック」、「株式会社JR西日本広島メンテック」、「株式会社JR西日本福岡メンテック」及び「株式会社JR西日本米子メンテック」を合併（現：株式会社JR西日本中国メンテック）（現：連結子会社）

(point) **事業の内容**

　会社の事業がどのようにセグメント分けされているか，そして各セグメントではどのようなビジネスを行っているかなどの説明がある。また最後に事業の系統図が載せてあり，本社，取引先，国内外子会社の製品・サービスや部品の流れが分かる。ただセグメントが多いコングロマリットをすぐに理解するのは簡単ではない。

2022年4月	・東京証券取引所の市場区分の見直しにより、東京証券取引所の市場第一部からプライム市場に移行
2022年6月	・監査等委員会設置会社へ移行
2022年7月	・「株式会社京都駅観光デパート」及び「京都ステーションセンター株式会社を合併（現：JR西日本京都SC開発株式会社）（現：連結子会社）
2022年10月	・中国統括本部、山陽新幹線統括本部を設置、福知山支社を廃止 ・京都（現：京滋）・大阪（現：阪奈）・神戸（現：兵庫）・和歌山各支社を近畿統括本部に再編、広島・岡山・米子（現：山陰）各支社を中国統括本部に再編、福岡支社を山陽新幹線統括本部に再編

(point) **JR各社中で群を抜く不動産事業利益率**

　非運輸事業の中で、不動産業は成長性と利益率がともに優れており、JR西日本は不動産業を成長分野と位置づけ、力を入れている。不動産事業の利益率は、JR各社の中で群を抜いて高い。今後、新規開発や開業などに加え、アベノミクスによる不動産市況の更なる回復も期待され、不動産業がますます重要な利益成長の鍵になりそうだ。

3 事業の内容

　当社及び当社の関係会社（子会社146社及び関連会社22社）が営んでいる主要な事業内容は，次のとおりであります。

　なお，事業内容の区分については，「第5［経理の状況］1［連結財務諸表等］（1）［連結財務諸表］［注記事項］」に掲げる「［セグメント情報］」における事業区分と同一であります。

（1）　運輸業 ･･･

　鉄道事業のほかに，旅客自動車運送事業及び船舶事業を展開しております。

　鉄道事業のうち，当社は，北陸，近畿，中国及び九州北部の2府16県の広いエリアを営業範囲として，新幹線，在来線の特急を中心とする都市間輸送及び京阪神都市圏や広島，岡山等の地方中核都市を中心とする地域での都市圏輸送等を行っております。

事業の内容	主要な関係会社
鉄道事業	当社、嵯峨野観光鉄道㈱、関西高速鉄道㈱※、大阪外環状鉄道㈱※
旅客自動車運送事業	中国ジェイアールバス㈱、西日本ジェイアールバス㈱
船舶事業	JR西日本宮島フェリー㈱

（2）　流通業 ･･･

　百貨店業のほかに、主要駅における物販・飲食業等を展開しております。

事業の内容	主要な関係会社
百貨店業	㈱ジェイアール西日本伊勢丹
物販・飲食業	当社、㈱ジェイアール西日本デイリーサービスネット、
	㈱ジェイアール西日本フードサービスネット、
	㈱ジェイアールサービスネット広島、㈱ジェイアールサービスネット岡山、
	㈱ジェイアールサービスネット金沢、㈱ジェイアールサービスネット福岡、
	㈱ジェイアール西日本ファッショングッズ
各種物品等卸売業	ジェイアール西日本商事㈱
その他流通業	JR西日本山陰開発㈱

（3）　不動産業 ･･･

　保有不動産を活用した不動産販売・賃貸業のほかに、ショッピングセンター運営業を展開しております。

事業の内容	主要な関係会社
不動産販売・賃貸業	当社、JR西日本不動産開発㈱、京都駅ビル開発㈱、大阪ターミナルビル㈱、 JR西日本プロパティーズ㈱
ショッピングセンター運営業	JR西日本SC開発㈱、JR西日本京都SC開発㈱、富山ターミナルビル㈱、 山陽SC開発㈱、金沢ターミナル開発㈱、JR西日本アーバン開発㈱、 中国SC開発㈱、㈱和歌山ステーションビルディング、 ㈱新大阪ステーションストア、JR西日本大阪開発㈱

(4) その他

保有資産を活用したホテル業や広告業、鉄道事業と相乗効果の高い旅行業、建設事業等を営んでおります。

事業の内容	主要な関係会社
ホテル業	㈱ジェイアール西日本ホテル開発、㈱ホテルグランヴィア広島、 ㈱ホテルグランヴィア大阪、㈱ホテルグランヴィア岡山、 和歌山ターミナルビル㈱、㈱奈良ホテル
旅行業	㈱日本旅行
貸自動車業	JR西日本レンタカー&リース㈱
広告業	㈱JR西日本コミュニケーションズ
車両等設備工事業	㈱JR西日本テクノス、㈱JR西日本新幹線テクノス
機械等設備工事業	㈱JR西日本テクシア
電気工事業	西日本電気テック㈱、西日本電気システム㈱、㈱てつでん
土木・建築等コンサルタント業	ジェイアール西日本コンサルタンツ㈱
空間情報コンサルタント事業	アジア航測㈱※
清掃整備事業	㈱JR西日本メンテック、JR西日本中国メンテック、㈱JR西日本金沢メンテック
情報サービス業	㈱JR西日本ITソリューションズ、鉄道情報システム㈱※
建設事業	大鉄工業㈱、㈱レールテック、㈱ジェイアール西日本ビルト、広成建設㈱※
その他	㈱ジェイアール西日本リネン、㈱ジェイアール西日本総合ビルサービス、 ㈱ジェイアール西日本マルニックス、JR西日本フィナンシャルマネジメント㈱、 ㈱JR西日本カスタマーリレーションズ、㈱JR西日本交通サービス、 ㈱JR西日本中国交通サービス、㈱ジェイアール西日本ウェルネット、 ㈱JR西日本イノベーションズ

(注) ※持分法適用関連会社であります。

point 営業エリアは2府16県に渡る

営業エリアは本州西部と九州北部の2府16県に渡り、営業距離は5016km。山陽新幹線は、新大阪駅から博多駅を結ぶ山陽新幹線には「のぞみ」「ひかり」「こだま」の3種類があり、JR東海の運営する東海道新幹線を延長する形で建設された。2011年3月には、新大阪−鹿児島中央間における九州新幹線との直通運転を開始した。

以上に述べた事項の概要図は、次のとおりであります。

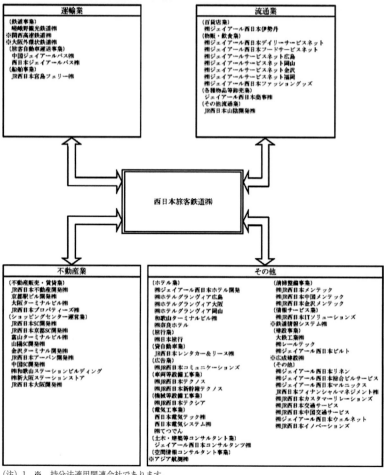

（注）1. ※　持分法適用関連会社であります。
　　　2. 各事業の区分ごとの会社名は主たる事業内容により記載しております。

point 関係会社の状況

主に子会社のリストであり，事業内容や親会社との関係についての説明がされている。特に製造業の場合などは子会社の数が多く，すべてを把握することは難しいが，重要な役割を担っている子会社も多くある。有報の他の項目では一度も触れられていない場合が多いので，気になる会社については個別に調べておくことが望ましい。

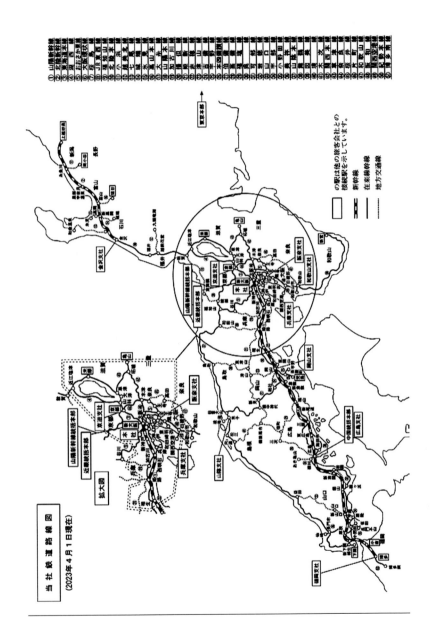

当社鉄道路線図
(2023年4月1日現在)

名称	住所	資本金	主要な事業の内容	議決権の所有割合	関係内容
（連結子会社）		百万円		％	
JR西日本不動産開発㈱	大阪市北区	13,200	不動産販売・賃貸業	100.0	当社の駅構内用地等を賃借し、高架下貸付、駅ビル業等を営んでおります。 役員の兼任 14名
JR西日本SC開発㈱	大阪市北区	8,539	不動産賃貸業	100.0	当社の駅構内用地等を賃借し、ショッピングセンターを営んでおります。 役員の兼任 9名
京都駅ビル開発㈱※	京都市下京区	6,000	不動産賃貸業	61.9 (0.5)	当社の駅構内用地等を賃借し、駅ビル業を営んでおります。 役員の兼任 7名
大阪ターミナルビル㈱	大阪市北区	5,500	不動産賃貸業	76.2	当社の駅構内用地等を賃借し、駅ビル業を営んでおります。 役員の兼任 4名
大鉄工業㈱	大阪市淀川区	1,232	建設事業	51.8	当社の建設工事及び軌道工事等の請負等を行っております。 役員の兼任 8名
JR西日本京都SC開発㈱※	京都市下京区	1,000	不動産賃貸業	100.0 (100.0)	当社の駅構内用地等を賃借し、ショッピングセンターを営んでおります。 役員の兼任 5名
和歌山ターミナルビル㈱※	和歌山県和歌山市	1,000	ホテル業	69.1 (69.1)	当社の駅構内用地等を賃借し、ホテル業等を営んでおります。 役員の兼任 3名
富山ターミナルビル㈱※	富山県富山市	550	不動産賃貸業	63.6 (63.6)	当社の駅構内用地等を賃借し、ショッピングセンターを営んでおります。 役員の兼任 6名
山陽SC開発㈱※	岡山市北区	300	不動産賃貸業	100.0 (100.0)	当社の駅構内用地等を賃借し、ショッピングセンターを営んでおります。 役員の兼任 5名
金沢ターミナル開発㈱※	石川県金沢市	300	不動産賃貸業	80.0 (80.0)	当社の駅構内用地等を賃借し、ショッピングセンターを営んでおります。 役員の兼任 4名
㈱ジェイアール西日本リネン	大阪市淀川区	290	リネンサプライ業	97.4	当社のリネン類等のサプライ業等を行っております。 役員の兼任 4名
㈱ジェイアールサービスネット岡山※	岡山市北区	230	日用品雑貨等小売業	100.0 (100.0)	当社より駅構内設備等を賃借し、駅構内等で小売業及び飲食業等を営んでおります。 役員の兼任 4名
嵯峨野観光鉄道㈱	京都市右京区	200	鉄道事業	100.0	鉄道事業法に基づく鉄道事業等を行っております。 役員の兼任 10名
㈱ジェイアールサービスネット金沢※	石川県金沢市	200	日用品雑貨等小売業	100.0 (100.0)	当社より駅構内設備等を賃借し、駅構内等で小売業及び飲食業等を営んでおります。 役員の兼任 3名
ジェイアール西日本商事㈱※	大阪府吹田市	200	各種物品等卸売業	100.0 (20.2)	同社から鉄道資材等を購入しております。 役員の兼任 6名

名称	住所	資本金	主要な事業の内容	議決権の所有割合	関係内容
		百万円		%	
JR西日本山陰開発㈱※	島根県松江市	200	日用品雑貨等小売業・不動産賃貸業	100.0 (100.0)	当社より駅構内設備等を賃借し、駅構内等で小売業、飲食業及びショッピングセンター等を営んでおります。 役員の兼任　5名
㈱JR西日本コミュニケーションズ	大阪市北区	200	広告業	100.0	当社の広告宣伝業務及び広告媒体の管理を行っております。 役員の兼任　5名
㈱JR西日本テクノス	大阪市北区	161	車両等設備工事業	62.7	当社の車両等設備等の保守修繕を行っております。 役員の兼任　8名
㈱ジェイアール西日本総合ビルサービス※	兵庫県尼崎市	130	建物管理・整備・清掃業	100.0 (20.0)	当社の建物・施設の管理、整備、保全、清掃等を行っております。 役員の兼任　5名
中国ジェイアールバス㈱	広島市南区	100	旅客自動車運送事業	100.0	当社と乗車券類について連絡運輸契約を締結しております。 役員の兼任　6名
西日本ジェイアールバス㈱	大阪市阿倍野区	100	旅客自動車運送事業	100.0	当社と乗車券類について連絡運輸契約を締結しております。 役員の兼任　6名
JR西日本宮島フェリー㈱	広島県廿日市市	100	船舶事業	100.0	海上運送法に基づく海上運送事業等を行っております。 役員の兼任　5名
㈱ジェイアール西日本伊勢丹	京都市下京区	100	百貨店業	60.0	駅構内用地の駅ビルを賃借し、百貨店業を営んでおります。 役員の兼任　5名
㈱ジェイアール西日本デイリーサービスネット	兵庫県尼崎市	100	日用品雑貨等小売業	100.0	当社より駅構内設備等を賃借し、駅構内等で小売業を営んでおります。 役員の兼任　10名
㈱ジェイアール西日本フードサービスネット	大阪市淀川区	100	飲食業	100.0	当社より駅構内設備等を賃借し、駅構内及び列車内で飲食業等を営んでおります。 役員の兼任　6名
㈱ジェイアールサービスネット広島※	広島市東区	100	日用品雑貨等小売業	100.0 (100.0)	当社より駅構内設備等を賃借し、駅構内等で小売業及び飲食業等を営んでおります。 役員の兼任　5名
㈱ジェイアールサービスネット福岡※	福岡市博多区	100	日用品雑貨等小売業	100.0 (100.0)	当社より駅構内設備等を賃借し、駅構内等で小売業及び飲食業等を営んでおります。 役員の兼任　3名
㈱ジェイアール西日本ファッショングッズ※	大阪市淀川区	100	日用品雑貨等小売業	100.0 (100.0)	当社より駅構内設備等を賃借し、駅構内等で小売業を営んでおります。 役員の兼任　3名
JR西日本プロパティーズ㈱	東京都港区	100	不動産販売・賃貸業	70.0	不動産分譲、不動産賃貸業等を営んでおります。 役員の兼任　6名
㈱ジェイアール西日本ホテル開発	京都市下京区	100	ホテル業	100.0	駅構内用地の駅ビルを賃借し、ホテル業等を営んでおります。 役員の兼任　8名

名称	住所	資本金	主要な事業の内容	議決権の所有割合	関係内容
		百万円		%	
㈱ホテルグランヴィア広島※	広島市南区	100	ホテル業	93.8 (93.8)	当社の駅構内用地等でホテル業等を営んでおります。 役員の兼任 1名
㈱ホテルグランヴィア大阪※	大阪市北区	100	ホテル業	53.8 (53.8)	駅構内用地の駅ビルでホテル業等を営んでおります。 役員の兼任 1名
㈱ホテルグランヴィア岡山※	岡山市北区	100	ホテル業	94.2 (94.2)	当社の駅構内用地等でホテル業等を営んでおります。 役員の兼任 4名
㈱奈良ホテル	奈良県奈良市	100	ホテル業	100.0	当社の用地等を賃借し、ホテル業等を営んでおります。 役員の兼任 4名
㈱日本旅行	東京都中央区	100	旅行業	79.8	当社の乗車券等の受託販売等を行っております。 役員の兼任 5名
㈱JR西日本テクシア※	兵庫県尼崎市	100	機械等設備工事業	69.1 (17.1)	当社の機械設備等の開発、設計、製造、保守修繕等を行っております。 役員の兼任 7名
㈱てつでん	大阪府豊中市	100	電気工事業	66.6	当社の電気設備等の開発、設計、製造等を行っております。 役員の兼任 6名
㈱JR西日本メンテック	大阪市淀川区	100	清掃整備事業	100.0	当社の車両清掃等の受託業務を行っております。 役員の兼任 11名
㈱レールテック	大阪市淀川区	100	建設事業	100.0	当社の鉄道線路に関連する検査・保守等の受託業務を行っております。 役員の兼任 8名
JR西日本アーバン開発㈱※	神戸市東灘区	98	不動産賃貸業	96.6 (96.6)	当社の駅構内用地等を賃借し、ショッピングセンターを営んでおります。 役員の兼任 10名
西日本電気テック㈱	大阪市淀川区	90	電気工事業	100.0	当社の電気設備の検査等の受託業務を行っております。 役員の兼任 6名
西日本電気システム㈱	大阪府吹田市	81	電気工事業	100.0	当社の電気設備等の保守修繕を行っております。 役員の兼任 6名
㈱JR西日本新幹線テクノス※	福岡県春日市	80	車両等設備工事業	100.0 (100.0)	当社の車両設備等の保守修繕を行っております。 役員の兼任 8名
㈱JR西日本中国メンテック※	岡山市北区	80	清掃整備事業	100.0 (100.0)	当社の車両清掃等の受託業務を行っております。 役員の兼任 4名
㈱ジェイアール西日本マルニックス	大阪市淀川区	80	貨物自動車運送事業	100.0	当社の荷物の取扱い及び集配業務等を営んでおります。 役員の兼任 7名
中国SC開発㈱※	広島市南区	75	不動産賃貸業	100.0 (100.0)	当社の駅構内用地等を賃借し、ショッピングセンターを営んでおります。 役員の兼任 7名
㈱和歌山ステーションビルディング※	和歌山県和歌山市	75	不動産賃貸業	82.5 (82.5)	当社の駅構内用地等を賃借し、ショッピングセンターを営んでおります。 役員の兼任 3名

(point) 従業員の状況

　主力セグメントや，これまで会社を支えてきたセグメントの人数が多い傾向があるのは当然のことだろう。上場している大企業であれば平均年齢は40歳前後だ。また労働組合の状況にページが割かれている場合がある。その情報を載せている背景として，労働組合の力が強く，人数を削減しにくい企業体質だということを意味している。

名称	住所	資本金	主要な事業の内容	議決権の所有割合	関係内容
		百万円		%	
㈱ジェイアール西日本ビルト※	大阪市北区	70	建設事業	84.0 (84.0)	当社の建物の調査、検査、保守及び建築工事等の請負等を行っております。 役員の兼任　　8名
㈱新大阪ステーションストア※	大阪市淀川区	60	不動産賃貸業	100.0 (100.0)	当社の駅構内設備等を賃借し、ショッピングセンターを営んでおります。 役員の兼任　　4名
JR西日本大阪開発㈱※	大阪市北区	50	不動産賃貸業	100.0 (100.0)	当社の駅構内用地等を賃借し、ショッピングセンターを営んでおります。 役員の兼任　　7名
ジェイアール西日本コンサルタンツ㈱	大阪市淀川区	50	土木・建築等コンサルタント業	100.0	当社の土木・建築等の設計及びコンサルタント業務等を行っております。 役員の兼任　　9名
JR西日本フィナンシャルマネジメント㈱	大阪市淀川区	50	経理業務受託業	100.0	当社及びグループ会社の経理業務等の受託業務を行っております。 役員の兼任　　6名
㈱JR西日本カスタマーリレーションズ	兵庫県尼崎市	50	コールセンター運営業	100.0	当社のコールセンター運営等の受託業務を行っております。 役員の兼任　　5名
㈱JR西日本交通サービス	兵庫県尼崎市	50	駅業務等運営業	100.0	当社の駅業務等の受託業務を行っております。 役員の兼任　　9名
㈱JR西日本中国交通サービス※	広島市東区	50	駅業務等運営業	100.0 (100.0)	当社の駅業務等の受託業務を行っております。 役員の兼任　　3名
㈱JR西日本ITソリューションズ	大阪市淀川区	48	情報サービス業	100.0	情報処理システムの設計及び情報処理業務等を行っております。 役員の兼任　　3名
JR西日本レンタカー＆リース㈱※	兵庫県尼崎市	30	貸自動車業	78.6 (9.7)	当社の駅前等において貸自動車業を営んでおります。 役員の兼任　　4名
㈱JR西日本金沢メンテック※	石川県金沢市	30	清掃整備事業	100.0 (100.0)	当社の車両清掃等の受託業務を行っております。 役員の兼任　　4名
㈱ジェイアール西日本ウェルネット	大阪市北区	10	福利厚生施設等運営業	100.0	当社及びグループ会社の福利厚生業務等の受託業務等を行っております。 役員の兼任　　6名
㈱JR西日本イノベーションズ	大阪市北区	10	投資関連事業	100.0	当社の資本戦略業務等を一部受託しております。 役員の兼任　　7名

名称	住所	資本金	主要な事業の内容	議決権の所有割合	関係内容
（持分法適用関連会社） 関西高速鉄道㈱	大阪市福島区	百万円 81,672	鉄道事業	% 30.4	鉄道事業法に基づく鉄道事業を行っております。 役員の兼任　　　2名
大阪外環状鉄道㈱※	大阪市中央区	24,637	鉄道事業	25.7 (1.2)	鉄道事業法に基づく鉄道事業を行っております。 役員の兼任　　　2名
アジア航測㈱	東京都新宿区	1,673	空間情報コンサルタント事業	28.2	当社事業に関する航空測量、コンサルタント業務等を行っております。 役員の兼任　　　1名
鉄道情報システム㈱	東京都渋谷区	1,000	情報サービス業	24.1	鉄道に関する情報その他の情報処理業務の受託等を行っております。 役員の兼任　　　2名
広成建設㈱※	広島市東区	780	建設事業	37.6 (16.1)	当社の建設工事及び軌道工事等の請負等を行っております。 役員の兼任　　　6名

（注）1　※　議決権に対する所有割合の括弧書は，内数で間接所有の割合であります。

2　上記関係会社のうち，有価証券報告書を提出している会社は関西高速鉄道（株）及びアジア航測（株）であります。

3　上記連結子会社は，売上高（連結会社相互間の内部売上高を除く。）の連結売上高に占める割合がそれぞれ100分の10以下であるため，主要な損益情報等を記載しておりません。

5 従業員の状況

(1) 連結会社の状況 ・・

（2023年3月31日現在）

セグメントの名称	従業員数
	人
運輸業	22,646 (4,365)
流通業	2,649 (3,245)
不動産業	1,452 (153)
その他	18,150 (2,515)
合計	44,897 (10,278)

（注） 従業員数は就業人員数であり，括弧書は外数で臨時従業員の年間平均雇用人員数であります。

(2) 提出会社の状況 ・・

（2023年3月31日現在）

従業員数	平均年齢	平均勤続年数	平均年間給与
人	歳	年	円
21,727 (4,275)	38.1	14.9 (15.4)	5,965,060

セグメントの名称	従業員数
	人
運輸業	21,633 (4,261)
流通業	1 (1)
不動産業	70 (10)
その他	23 (3)
合計	21,727 (4,275)

（注）1 従業員数は就業人員数であり，括弧書は外数で臨時従業員の年間平均雇用人員数であります。
2 平均年齢，平均勤続年数及び平均年間給与は，従業員数から受入出向者数（512名）を除いたものについての数値であります。
3 平均勤続年数欄の括弧書は，国鉄における勤続年数を通算した平均勤続年数であります。
4 平均年間給与は，賞与及び基準外賃金を含んでおります。

（3） 労働組合の状況 ･･

① 労働組合の現況

当社には，現在以下の組合があります。

（2023年4月1日現在）

労働組合名	組合員数	上部団体
西日本旅客鉄道労働組合 （JR西労組）	人 21,220	日本鉄道労働組合連合会
ジェーアール西日本労働組合 （JR西労）	181	全日本鉄道労働組合総連合会
国鉄労働組合西日本本部 （国労西日本）	172	国鉄労働組合
全日本建設交運一般労働組合西日本鉄道本部 （建交労西日本鉄道本部）	7	全日本建設交運一般労働組合
国鉄西日本動力車労働組合 （動労西日本）	1	国鉄動力車労働組合総連合会

(注) 1 括弧書は，労働組合名の略称であります。

2 組合員数には，臨時従業員等は含んでおりません。

西日本旅客鉄道労働組合，ジェーアール西日本労働組合，国鉄労働組合西日本本部及び全日本建設交運一般労働組合西日本鉄道本部との間において，労働協約を締結しており，この労働協約に基づき，経営協議会，団体交渉等を行っております。経営協議会は，安全性向上や決算，事業運営方針等をテーマに原則として四半期毎に開催することとしており，必要に応じて臨時で開催しております。また，社員の働き方や処遇，福利厚生等に関しては，適宜団体交渉等により，協議を行っております。当社の労使関係の理念は「労働協約」に集約されており，その基本とするところは，「会社・組合双方が信義誠実の原則に従い健全な労使関係を確立し，基幹事業である鉄道の安全を基盤として企業の健全な発展と社会的使命の達成を図るとともに，社員たる組合員とその家族の幸福を増進する」ことにあります。このような観点から，労使が十分意思疎通を図り，労使相互信頼のもと，健全かつ安定した労使関係の構築をめざして努力しております。

なお，子会社の労働組合の状況については，特記すべき事項はありません。

② 労働組合等と係争中の労働事件について

2022年5月1日現在、当社と労働組合等との間で係争中の労働事件はありません。

(point) 業績等の概要

この項目では今期の売上や営業利益などの業績がどうだったのか，収益が伸びたあるいは減少した理由は何か，そして伸ばすためにどんなことを行ったかということがセグメントごとに分かる。現在，会社がどのようなビジネスを行っているのか最も分かりやすい箇所だと言える。

■ 事業の状況

1 経営方針，経営環境及び対処すべき課題等

(1) 当社グループを取り巻く経営環境 ・・・・・・・・・・・・・・・・・・・・・・・・・・

　当社グループを取り巻く経営環境は，新型コロナウイルス感染症を契機とした社会行動変容の加速等により，かつてない厳しい状況が続いていましたが，全国旅行支援や，水際対策の緩和等に伴い，鉄道のご利用が徐々に増加するなど，需要回復の兆しが見え始めています。一方，自然災害の激甚化，人口減少に伴う市場の縮小や労働力の減少に加え，国内外の情勢は不安定さを増しており，これからの変化を想像することが難しい状況になってきています。

(2) 経営の基本方針 ・・

　当社グループは，「福知山線列車事故のような事故を二度と発生させない」という確固たる決意のもと，被害に遭われた方々への真摯な対応，安全性向上に取り組んでいきます。

　これまで，鉄道や駅を中心に人と人，人とまちをつなぎ，安全で豊かな社会づくりに貢献できるよう努力を積み重ねてきましたが，インフラを担う企業として，未来においても社会づくりに貢献する役割を果たし続けていくため，大きな転換期を迎えているこれからの社会の課題と向き合い，求められる価値を，事業活動を通じて提供していきます。

　とりわけ，一人ひとりの暮らし，まち，社会全体が直面する課題に着目したとき，安全を基盤に広域で人と人，まち，社会をつなぐインフラサービスを提供し，またグループ全体で多くのお客様との接点，地域とのつながりを持つ当社グループは，これまで以上にお客様視点で「つながりを進化させる」ことで，大きな役割を果たしていくことができ，それこそが，未来の社会における私たちの存在意義と考えます。

　今後は，鉄道の安全性向上に向けた不断の取り組みを積み重ねていくことを基盤としつつ，様々なパートナーとの共創とイノベーションにより，「地域共生企業」として事業を通じて社会や地域の課題解決に貢献することで，社会的価値と経済

的価値を合わせて創出し，よりよい未来を創り上げていきます。

　当社グループが新たな一歩を踏み出すにあたり，新しいJR西日本グループがめざす姿として策定した「私たちの志」をグループ全体の羅針盤として，グループ一丸となって取り組んでいきます。

> 私たちの志
> 人、まち、社会のつながりを進化させ、
> 心を動かす。未来を動かす。
> 私たちは、
> これからも安全、安心を追求し、高め続けます。
> 人と人、人とまち、人と社会を、リアルとデジタルの場でつなぎ、
> 西日本を起点に地域の課題を解決します。
> そして、持続可能で活力ある未来を創り、その先の一人ひとりが思い描く暮らしを
> 様々なパートナーと共に実現していきます。

(3)　中長期的経営戦略 ··

　当社グループは，「私たちの志」の実現に向け，10年後（2032年）にありたい姿として「長期ビジョン2032」（以下，「長期ビジョン」）を策定しました。重点的に向き合う社会課題を，「安全，安心で，人と地球にやさしい交通」，「人々が行きかう，いきいきとしたまち」，「一人ひとりにやさしく便利で豊かなくらし」及び「持続可能な社会」の4つに設定しました。

　　＜安全，安心で，人と地球にやさしい交通＞

　　　交通全体がシームレスなサービスとして認識され，定着している未来

　　＜人々が行きかう，いきいきとしたまち＞

　　　地域の魅力が高まり，定住・交流・関係人口が増加していく未来

　　＜一人ひとりにやさしく便利で豊かなくらし＞

　　　リアルの良さとデジタルの組み合わせで，個客体験が大きく高まる未来

　　＜持続可能な社会＞

　　　様々なパートナーとの連携を通じて，持続可能な社会システムが構築されている未来

　この「長期ビジョン」の実現に向け，鉄道の安全性向上に向けた不断の努力に加え，鉄道を中心としたモビリティサービス分野の活性化，ライフデザイン分野の拡大に挑戦し，最適な事業ポートフォリオを構築することで，将来にわたって持続的に価値創造を実現する企業グループに成長していきます。具体的には，北

(point) **北陸新幹線金沢開業効果に期待**

　今期は良い業績だったが，今後の見通しとしては良い面と悪い面が混在している。今後の新幹線収入は，航空機との競争や消費税増税後の反動減で落ちるが，北陸新幹線金沢開業で大きく伸びるとみられている。一方で，在来線は人口減少の見通しはネガティブと捉えるべき。ただ，短期的にはあべのハルカス開業の影響はポジティブに働

陸新幹線の敦賀延伸やなにわ筋線開業，大阪・広島・三ノ宮エリアでの駅ビル開発等のプロジェクトや，大阪・関西万博等の機会を活用し，関西都市圏ブランドの確立や西日本各エリアの更なる活性化に貢献していきます。

「JR西日本グループ中期経営計画2025」（以下，「中期経営計画2025」）では，「長期ビジョン」実現に向けた第一ステップとの位置づけのもと，早期のコロナ前水準への回復に向けて，足元の機会を最大限活かした成長を加速するため，5つの重点戦略を掲げました。

①鉄道の安全性向上
②主要事業の活性化と構造改革（鉄道事業・グループ事業）
③不動産・まちづくりのさらなる展開
④デジタル戦略による多様なサービスの展開
⑤新たな事業の創出

①鉄道の安全性向上
　〇福知山線列車事故を原点とし，安全を追求し続け，弛まぬ努力を継続
　　・被害に遭われた方々への真摯な対応
　　・「JR西日本グループ鉄道安全考動計画2027」（以下，「安全考動計画2027」）の推進
　　＜ホーム安全＞
　　・ホーム柵やホーム安全スクリーンの整備を推進
　　＜踏切安全＞
　　・大型車が踏切に停滞していることを列車の運転士に音声で知らせる装置の整備を推進
　　＜地震対策＞
　　・地震発生時の安全性向上に向けて，耐震補強や逸脱防止対策を推進
　　＜安全最優先の風土の醸成＞
　　・「現場の判断を最優先するマネジメント」の確立
　　・「お客様を想い，ご期待にお応えする」考動

くだろう。あべのハルカスは，事業主は近畿日本鉄道で，大阪市JR天王寺駅の近くにある日本一高い超高層ビル。百貨店，オフィス，ホテルや展望台などがある。

＜組織全体で安全を確保する仕組みの充実＞
・リスクアセスメントの質の向上
・「心理的に安全なチーム」づくり
・現場起点の考動による課題解決への挑戦
　　　＜一人ひとりの安全考動の実践＞
・「大切にしたい5つの価値観」の共有，主体的な実践
　　　＜ハード・ソフトの機能向上＞
・ハード・ソフト両面の改良・改善による安全性向上
・安全で安定的な輸送の提供（輸送の質の向上）
　　　＜社会とつながり，社外から学ぶ＞
・関係機関との自然災害等の事象発生時の対応に関する対話
・他鉄道事業者等から安全対策を学び，採り入れる取り組みの推進

②主要事業の活性化と構造改革（鉄道事業・グループ事業）
　ア．鉄道事業
　　○新幹線を基軸とした鉄道ネットワークの充実と，交流人口・関係人口の
　　　創出に挑戦
・山陽新幹線各エリア：利便性の向上によるご利用促進等
・北陸エリア：金沢ー敦賀延伸開業（2024年春），北陸デスティネー
　ションキャンペーン（2024年秋）を契機とした，観光素材の磨き上げ
　と周遊ルートの整備等
・山陰エリア／南紀エリア：新型車両投入による旅の魅力向上等
・デジタルの活用
・多様化するニーズに対応した営業施策
　　○関西国際空港とのアクセス向上と，2025年の大阪・関西万博を契機と
　　　した取り組みを通じて，国内外の様々なお客様が行き交う魅力的な関西
　　　都市圏を実現
・近畿エリア全体の魅力向上（奈良線複線化事業の効果最大化等）
・関西国際空港とのアクセス整備（大阪駅新改札口（西口，うめきた）

（point）**無視できないLLCの脅威**

　LLCの脅威に直面したJR西日本は，新大阪ー博多間などで「スーパー早特きっぷ」，
30歳未満の若者を対象とする「若トク早特きっぷ」などの割引切符を発売し，値引き
競争をすることになった。今後，LLCへの認知度の向上，LLC各社の定時運航率な
どに対する改善努力，そして増便などにつれて，その影響は無視できなくなるだろう。

使用開始による，大阪駅への直通化，所要時間の短縮等）
- ・大阪・関西万博を契機とした取り組み（会場アクセス整備・駅改良の推進等）
- ・インバウンド受け入れ体制整備

○変化し続けるニーズへの対応だけでなく，移動をより便利に，暮らしをより豊かにしていくサービスを創出

○日々の業務プロセスを変革し，鉄道事業の活性化を支える生産性向上と持続可能なシステム構築を実現
- ・お客様サービスの変革
- ・運行オペレーションの変革
- ・保守メンテナンス手法の変革

イ．物販・飲食事業

○お客様のデイリーニーズへのきめ細やかな対応力を磨き上げて，一人ひとりにやさしく便利で豊かな暮らしを実現
- ・外部提携による競争力向上
- ・既存店舗の磨き上げ
- ・ヴィアインのブランド再構築

ウ．ホテル事業

○旅の魅力や人々のつながりを創り，最高の笑顔とチームワークでおもてなしを提供し，まちの価値向上に貢献
- ・JPタワー大阪の新ブランドホテルの新規開業
- ・既存ブランド価値の再構築
- ・広島駅新駅ビルホテルの新規開業

エ．ショッピングセンター事業

○強みであるリアルを軸に，デジタルでもお客様とテナントをつなぎ，「地域一番のエリアプラットフォーマー」を実現
- ・変化する消費に応えるリアルコンテンツの充実
- ・リアル・デジタルによるお客様接点の拡大・強化
- ・地域特性を捉えた館づくり

(point) 低迷が続く流通事業

流通業売上高の7割が大阪と京都にあるJR西日本伊勢丹の百貨店事業だが，収益が低迷しており，二年間以上営業赤字の状態が続いた。同社は2015年度での黒字化を目指し，JR大阪三越伊勢丹を一部閉鎖し改装する予定。

③不動産・まちづくりのさらなる展開

　〇地域の皆様と連携して安心して暮らし・過ごせるコミュニティを形成し，地域・社会の課題解決に貢献

　　・駅からはじまるまちづくりの推進

　　・展開領域の更なる拡大

　　・マネジメント分野の強化と資産効率向上

　〇拠点駅の大規模開発と周辺まちづくりの促進，エリアマネジメントの推進により，人々が訪れたくなる，いきいきとしたまちを創出

　　・拠点駅開発（大阪，広島，三ノ宮）

　　・まちなかの体験価値向上

④デジタル戦略による多様なサービスの展開

　〇データやデジタル技術を駆使し，お客様一人ひとりとグループの多様なサービスをつなぐことで心を動かし，いつまでも住み続けたい・また来たいと感じる「WESTER体験」を提供

　　・「WESTER体験」における３つの進化を推進（お客様とのつながりの進化，「たまりやすい，つかいたい」ポイントへの進化，グループマーケティング力の進化）

⑤新たな事業の創出

　〇西日本を舞台に「つながり」を生み出し，新決済とポイント，データが「つなぐ」未来型のまちづくりに挑戦

　　・「WESTER体験」を支える新たな決済サービスの導入

　　・「よこてん」（内部向けに開発したデータソリューションの他鉄道会社等への横展開）で広がるデータソリューション事業

　〇地域・社会とともに持続可能性を高める事業を進めることで，人，まち，社会の未来を動かす

　　・持続可能な暮らしを実現する「総合インフラマネジメント事業」

　　・地域課題ソリューションビジネスの推進

(point) **生産及び販売の状況**

生産高よりも販売高の金額の方が大きい場合は，作った分よりも売れていることを意味するので，景気が良い，あるいは会社のビジネスがうまくいっていると言えるケースが多い。逆に販売額の方が小さい場合は製品が売れなく，在庫が増えて景気が悪くなっていると言える場合がある。

・未来を動かすビジネスチャレンジ

　また，サステナビリティ経営の実現に向けて，地域共生，地球環境，人的資本経営，ガバナンス・リスクマネジメント・人権等に取り組みます。
①地域共生
　○ウェルビーイングな暮らしの実現，地域の課題解決と持続可能で豊かな地域づくりに貢献
　　・持続可能で豊かな地域づくりの推進
　　・ご利用しやすい持続可能な交通体系を地域とともに推進

②地球環境
　○社会インフラを担う企業グループとして，地球環境保護の取り組みを通じて社会全体の持続可能性を向上
　　・地球温暖化防止・気候変動対策
　　・循環型社会構築への貢献
　　・自然との共生

③人的資本経営
　○自ら変革し成長する人財こそが「長期ビジョン」実現の原動力と認識し，成長を支援し，多様性と働きがいを高め，変化対応・創出力のある人財を創出
　　・人財育成
　　・ダイバーシティ＆インクルージョン
　　・ワークエンゲージメント

④ガバナンス・リスクマネジメント・人権
　○「長期ビジョン」実現に向けて，適切なリスクテイクによる企業価値向上を図るガバナンスを一層充実
　　・コーポレート・ガバナンスの更なる強化

(point) 対処すべき課題

　有報のなかで最も重要であり注目すべき項目。今，事業のなかで何かしら問題があればそれに対してどんな対策があるのか，上手くいっている部分をどう伸ばしていくのかなどの重要なヒントを得ることができる。また今後の成長に向けた技術開発の方向性や，新規事業の戦略ついての理解を深めることができる。

- ・リスクマネジメントの充実
- ・企業倫理・人権尊重の取り組み

(4) 対処すべき課題 ……………………………………………

　「中期経営計画2025」においては，人口減少や，社会行動変容の加速等，長期的な外部環境の変化に加え，国際情勢等目まぐるしく変化する足元の状況を強く意識し，安全を基盤に，様々な社会と市場構造の変化への対応力を向上させるとともに，事業ポートフォリオの再構築と継続的な事業構造の改革を図っていくことが重要な経営課題です。

　鉄道事業の安全性向上を基盤としながら，鉄道事業を中心としたモビリティサービス分野の活性化と構造改革を図るとともに，これまでに培った組織能力を活かし，お客様の暮らしに寄り添って価値を創造するライフデザイン分野における新たな事業の創出等の事業活動を通じ，社会的価値と経済的価値を創出していきます。

　また，これらの実現に向け，変化対応力向上に資する人財の確保・育成を図るとともに，様々なパートナーとの共創とイノベーションを生み出していくことに挑戦していきます。

　こうした取り組みを通じ，ポストコロナ以降の社会においても，持続的な価値創造を実現する企業集団となることをめざしていきます。

　なお，文中における将来に関する事項は，当有価証券報告書提出日において当社グループが判断したものであります。

(point) 不採算の在来線割合が高い

　鉄道収入の内訳は，新幹線が約4割，近畿圏の在来線が約3割，その他在来線が約2割。JR3社中でも，その他在来線の割合が高いことが特徴。不採算の在来線が多く，利益率面でマイナス。将来は，過疎化が進む地域での路線の廃止，縮小などが進むかもしれない。単純に利益率面で見れば，在来線の廃止は評価できる。

2　事業等のリスク

　当社グループでは，「長期ビジョン」，「中期経営計画2025」のもと，新たな価値創造へ積極的に挑戦していく観点から，2023年度より「全社的リスクマネジメント体制」を構築し，当社グループにおける経営上の重要リスクとその管理状況をモニタリングしております。具体的には，当社内（コーポレート）の各部門及びグループ各社（カンパニー・その他グループ会社）が抽出・選定したリスクのうち，経営上対処すべき重要リスクについて，代表取締役社長を委員長とする「グループリスクマネジメント委員会」において集約・一覧化し，モニタリングしていく取り組みを行っております。

　また，同委員会を通じて確認したリスク管理状況については「社長マネジメントレビュー」を実施し，必要な改善措置を講じるなど，次年度のリスク管理の取り組みに反映するとともに，委員会の議論状況を取締役会に報告することとしております。

　上記の「全社的リスクマネジメント体制」のもと，「長期ビジョン」，「中期経営計画2025」の実現に大きな影響を及ぼすリスクを以下に記載します。

　なお，文中における将来に関する事項は，当有価証券報告書提出日において当社グループが判断したものであります。

（1）　安全の確保

　鉄道事業においては，事故が発生した場合，お客様の生命・財産に大きな被害をもたらすことがあり，これに伴うお客様への補償及び事故後の事業中断等により経営に対しても甚大な影響を及ぼすことがあります。鉄道を基幹事業とする当社グループにおいては，安全で安心され信頼される質の高い輸送サービスを提供していくことが最重要課題であると考えております。

　当社グループは，「福知山線列車事故のような事故を二度と発生させない」とい

う確固たる決意のもと，福知山線列車事故の教訓である「安全の実現に欠かせない視点」に照らしてこれまでの取り組みについて確認した上で，「安全考動計画2027」を2023年3月に策定し，より一層の安全性向上をめざし，重大な事故や労働災害の未然防止に向けた取り組みを開始しております。

　具体的には，ホームの安全対策として，バリアフリー料金制度対象駅のうち，乗降10万人以上の駅にはホーム柵を整備し，乗降10万人未満の駅にはホーム柵又はホーム安全スクリーンを整備する方針としており，10年以内の完了をめざします。なお，このうち2027年度までの5年間で約400億円の整備費を見込んでおります。

　踏切の安全対策として，関係行政機関と協議・連携の上，立体交差事業等による踏切の解消を実施しているほか，大型車の通行が多い踏切を対象に重点的にハード整備を実施します。踏切内に自動車が停滞している場合，運転士に音声で知らせる装置を新たに追加し，10年以内の完了をめざします。

　こうしたハード対策に加えて，ソフト対策として「組織全体で安全を確保する仕組み」を充実させ，その仕組みのもとで「一人ひとりの安全考動」を積み重ねていきます。これらの営みを通じて「安全最優先の風土」を育み，さらなる「仕組み」の構築・改善や「一人ひとりの安全考動」につながり，このサイクルを回し続けることで，継続的な安全性の向上を実現します。

(2)　自然災害等の発生

　地震，台風，地すべり，洪水等の自然災害によって，当社グループの事業及び輸送網インフラは大きな被害を受ける可能性があります。

　これに対し当社グループは，将来においても事業にもたらす影響の大きな自然災害等による被害を最小限のものとするよう，防災や減災に努めております。

　具体的には，地震対策として，阪神・淡路大震災以降，地震発生確率や活断層の観点から優先順位をつけて構造物の耐震補強対策や逸脱防止ガードの整備等の地震対策を進めてきたところですが，近年，大規模地震が複数発生していることを踏まえ，地震対策を山陽新幹線全線に拡大し，30年以内の対策完了をめざします。なお，30年間で約3,000億円の整備費を見込んでおり，在来線につい

(point) 事業等のリスク

「対処すべき課題」の次に重要な項目。新規参入により長期的に価格競争が激しくなり企業の体力が奪われるようなことがあるため，その事業がどの程度参入障壁が高く安定したビジネスなのかなど考えるきっかけになる。また，規制や法律，訴訟なども企業によっては大きな問題になる可能性があるため，注意深く読む必要がある。

ても，計画に基づき着実に整備を進めていきます。

　津波対策としては，避難誘導標等を整備し，「津波避難誘導心得」を制定するなど，速やかな避難・誘導等に向けた取り組みを進めるとともに，実践的訓練を行っております。

　また，近年，短期間に集中化する豪雨等の激甚化する災害に対して，防護設備等を整備するなど，重大な被害の発生を可能な限り回避するための取り組みを推進していきます。

　なお，当社ではこれらの自然災害等に備えるため，あらかじめ定めた条件によって資金調達が可能なコミットメントラインを金融機関から導入するとともに，主な鉄道施設を対象とする地震保険を含めた損害保険に加入しております。

(3) 経営環境の激変 ··

　当社グループは，日本経済の情勢の中でも，主な営業エリアである西日本地域における景気動向の影響を特に受けており，人口減少・少子高齢化や新型コロナウイルス感染症がもたらした社会行動変容，円安・物価高騰等が，当社グループの財政状態及び経営成績に影響を与える可能性があります。

　とりわけ人口減少・少子高齢化の進展は最大の経営上のリスクと考えており，中長期的なお客様のご利用の減少に加え，当社グループの事業の運営，事業領域の拡大，新しい分野への挑戦に必要な人財の確保が一層困難となることで，当社グループの事業継続性や戦略遂行に支障をきたす可能性があります。なお，人財確保に関するリスク認識の詳細については，後述の「(4) 人財の確保」に記載のとおりであります。

　また，海外の景気動向や政治情勢等が訪日外国人の動向，サプライチェーン等に影響を及ぼす可能性があるほか，コロナ禍と同様に，感染症等さまざまな要因により鉄道のご利用に影響を及ぼす事象が発生した場合，これに連動してグループ全体の経営成績に影響を与える可能性があります。さらに，金利の変動により支払利息等が増加し，当社グループの収益に影響を与える可能性があります。

　一方で，当社グループは，鉄道事業においては対抗輸送機関と，鉄道以外の事業においても各業種業態の事業者と競合関係にありますが，近年ますます競争が

(point) **隠れた物価の優等生**

　運賃改定の可能性は，当面小さいと考えられる。少なくとも今後数年間はコストが大きく増加する可能性は低いため。また，一定期間で運賃を改定しなければならないという決まりはない。過去の運賃改定も消費税加算時のみ。事実上JR発足以来の22年間でJR三社は実質的にほとんど運賃を変更していないと考えてよいだろう。

激化しており，当社グループの収益に影響を与える可能性があります。

　さらに，デジタル化の加速等に伴う革新的な技術の発達や，新たなビジネス・価値提供の仕組みの普及が，当社グループの収益に極めて大きな影響を与える可能性があります。

　加えて，地球環境保護や気候変動問題対応への社会的な要請の高まりや，気候変動による災害激甚化が，当社グループの財政状態及び経営成績に影響を与える可能性があります。

　以上のような経営環境に関するリスクも踏まえ，当社グループでは10年後を見据えたありたい姿として「長期ビジョン」を設定するとともに，その実現に向けた第一ステップとして「中期経営計画2025」を策定しました。引き続き安全性の向上を最優先としつつ，鉄道を中心としたモビリティサービス分野の活性化と，ライフデザイン分野の拡大を通じて事業ポートフォリオを最適化し，未来社会においても価値を創造し続ける企業グループとなるよう，取り組みを推進しております。

・「中期経営計画2025」
　（参照URL：https://www.westjr.co.jp/company/info/plan/pdf/plan_2025.
　　pdf）

(4)　人財の確保 ……………………………………………………………

　当社グループの営業エリアである西日本地域においても人口減少・少子高齢化が今後進展することが予測されており，当社グループの事業運営を支える人財の確保が困難になる可能性があります。

　とりわけ「長期ビジョン」をはじめとした経営戦略を実現していく上で，事業領域の拡大，新しい分野への挑戦に必要な人財を育成，確保することが不可欠であり，こうした取り組みが停滞することがあれば，当社グループの事業継続性や戦略遂行に支障をきたす可能性があります。

　これに対し当社グループでは，採用活動の多様化と人財戦略の推進により，人財の確保及びリテンションに努めております。

　採用活動の多様化については，外部労働市場から社会人の採用を拡大すること

に加え，技術力の高い社員については65歳以降も雇用を行うなど，社会環境の変化を踏まえた活動を展開しております。また，グループ全体の人財を確保する観点から，グループ合同で企業説明会を行うなど，効率的かつ効果的な採用活動を進めております。

人財戦略の推進については，多様性の確保やさまざまな挑戦の機会を用意することが重要との認識のもと，「人財育成」，「ダイバーシティ＆インクルージョン」及び「ワークエンゲージメント」の取り組みを中心に進めております。詳細は「2［サステナビリティに関する考え方及び取組］（3）人的資本」に記載のとおりであります。

(5)　サプライチェーンの確保

当社グループは，鉄道の持続的な運行に必要な工事・保守関係業務を委託する協力会社をはじめ，多種多様な部品・材料等を製造・調達する取引先等，さまざまなパートナー企業に支えられてサプライチェーンを構築し，事業を推進しております。当社グループのサプライチェーンを支えるパートナー企業の操業停止や少子化に伴う労働力の減少，部品・材料等の調達ルートの寸断，需要急増等による資材調達の停滞等があった場合，鉄道運行に必要な技術力や部品・材料の提供が円滑に得られず，事業の継続に支障をきたす可能性があります。

当社グループでは，工事・保守関係業務に係る施工の平準化や労働環境の更なる向上を通じてパートナー企業への安定的な業務委託に努めるとともに，中長期的な老朽取替計画に基づく前広な予備品の発注や代替品への置換等を進めております。

また，ビジネスにおける人権，環境問題への関心が世界的に高まっており，当社グループは，「JR西日本グループサプライチェーン方針」を制定し，取引先の皆様とともに相互に遵守していきたい基本的な考え方と行動原則をまとめております。

(6)　情報セキュリティ，情報管理

当社グループでは，列車運行や乗車券販売等の鉄道に関わるシステムに始まり，

流通，不動産等の各事業分野全般にわたってコンピュータシステムを用いております。昨今，DX（デジタルトランスフォーメーション）にも取り組んでおり，これによりコンピュータシステムが当社グループの事業運営において益々重要な役割を果たすようになっております。

このようなコンピュータシステムにおいて，サイバー攻撃や自然災害，停電・通信障害，人的ミス等の要因によりシステム障害が生じた場合，事業の遂行に支障をきたす可能性があります。

また，その他の情報管理不備等により個人情報，営業秘密等の機密情報が流出し，第三者や競合事業者に利用又は悪用された場合，お客様への被害はもとより，当社グループの社会的な信用低下を招き，収益に影響を与える可能性があります。

これらのリスクに備えるため，当社グループでは，情報セキュリティ対策状況を定期的に点検し，自社システムへの継続的な対策の見直しを行うとともに，研修の実施等による役員・従業員のITリテラシー向上を進めております。また，システム障害や情報漏えい事故及びサイバー攻撃被害が発生した場合においても，その影響を最小限のものとするよう，初動体制の整備と平時における訓練に努めております。

加えて，個人情報等の取得・利活用に関するデータガバナンス体制等を整備し，適正な業務執行と法令遵守に努めております。

（7）　重大な犯罪行為・テロ等の発生

重大な犯罪行為やテロ活動，武力攻撃等により当社グループの設備等が被害を受けた場合，事業の継続に支障をきたす可能性があります。

当社では，これらに備え，不審物及び不審者への警戒警備の強化や防犯対策訓練の実施，防護装備品の配備等の各種対策を行っております。特に大規模イベント時においては，当社グループ全体で警戒警備体制の強化を図り，駅・列車・重要施設における巡回強化や，最新技術を取り入れたセキュリティ対策等を実施しております。

また，国民保護法に基づく，武力攻撃事態等における対処については，的確かつ迅速な体制の確立等，具体的な取り扱いを定めているほか，自治体からの要請

に基づき，緊急避難を目的とした利用に当社グループ施設の一部を供することと
しております。

(8) 感染症の発生・流行 ・・

　新型コロナウイルス感染症が発生・流行したコロナ禍においては，長期間にわ
たり日本国内や海外において経済活動の制限や行動自粛がなされ，当社グループ
の経営成績に深刻な影響を及ぼしました。
　また，社員の感染，濃厚接触者指定により，鉄道運行の確保が脅かされるなど，
事業継続が懸念される事態も発生しました。この点について，当社では，過去の
感染症拡大に伴い整備したマスク等医療物資の備蓄や鉄道運行に関するBCPダ
イヤを活用し，事業継続の面においては，最小限の影響に止めることができまし
た。
　今後，新たな感染症の発生・流行があった場合においても，これらの知見を活
かしつつ，新型インフルエンザ等対策特別措置法に基づく指定公共機関として，
当社が定める「西日本旅客鉄道株式会社新型インフルエンザ等対策に関する業務
計画」に基づき，政府関係機関や各自治体等と緊密に連携しながら，社会インフ
ラとしての鉄道輸送サービスの継続に万全を期していきます。

(9) コンプライアンス ・・・

　コンプライアンスは，単に法令等を遵守するだけでなく，世の中の基準に照ら
して，その期待に誠実に応え，当社グループの事業に対して信頼をいただく取り
組みであると認識しております。
　当社グループは，事業活動を営む上で，会社法，金融商品取引法，独占禁止法，
下請法，個人情報保護法等，一般に適用される法令に加え，鉄道事業法等の業
態ごとに適用される法令の規制を受けるほか，事業種別に応じた規制当局の監督
を受けております。これらの法的規制等に違反があった場合，行政処分を受け当
社グループの社会的な信用低下を招く可能性があるほか，関連諸法令の改正やガ
イドラインの制定等により，既存の規制が強化された場合，当社グループの事業
運営や経営成績に影響を与える可能性があります。

また，法令等違反以外にも社会規範や企業倫理にもとる事象や人権を侵害する問題が発生した場合，当社グループの社会的な信用低下を招き，お客様のご利用や人財の確保に影響を与える可能性があります。

　これに対し当社グループでは，グループ全体で法令遵守・コンプライアンスに関する教育・啓発を行うとともに，代表取締役社長を委員長とする「企業倫理・人権委員会」を開催し，法令等の遵守や人権に関する経営上重大な事項等について審議を行い，その議論状況を取締役会に報告することとしております。

　また，社内の内部通報窓口である「JR西日本グループ倫理・人権ホットライン（倫理相談室）」の体制拡充を行うなど，信頼性・対応能力の向上を図り，グループ全体のコンプライアンス向上に取り組んでいきます。

（10）　特有の法的規制

　鉄道事業は公益的な性格を持つことから，公的サービスにおける官民の役割分担に対する政府の考え方によって，さまざまな影響を受ける可能性があります。

① 鉄道事業に対する法的規制

　当社は，「鉄道事業法（1986年法律第92号）」の定めにより，営業する路線及び鉄道事業の種別ごとに国土交通大臣の許可を受けなければならない（第3条）とともに，運賃及び一定の料金の上限について国土交通大臣の認可を受け，その範囲内での設定・変更を行う場合は，事前届出を行うこととされております（第16条）。また，鉄道事業の休廃止については，国土交通大臣に事前届出（廃止は廃止日の1年前まで）を行うこととされております（第28条，第28条の2）。これらの手続きや許認可の基準が変更された場合，当社グループの収益に影響を与える可能性があります。

　事業運営にあたっては，株主に対する配当に加え，将来の設備投資や財務体質の強化等を可能なものとする適正な利潤を確保することが必要であると考えており，収入の確保と経費削減を進め効率的な経営に努めていますが，経営環境の変化等により適正な利潤を確保できない場合は，運賃改定を適時実施する必要があるものと考えております。

　なお，当社をJR会社法の適用対象から除外するJR会社法改正法が2001年12月1日に施行されました。すなわち，当社においては，JR会社法に定めら

れる発行する株式等の募集及び長期借入金の認可（第5条），重要な財産の譲渡等の認可（第8条）等の全ての規定の適用から除外されております。

一方で，本法附則により，国土交通大臣が指定するものがその事業を営むに際し，当分の間配慮すべき事項に関する指針として以下の3点について定めることとされております。この指針は2001年11月7日に告示され，2001年12月1日から適用となっております。

＜指針に定められる事項＞

・会社間における旅客の運賃及び料金の適切な設定，鉄道施設の円滑な使用その他の鉄道事業に関する会社間における連携及び協力の確保に関する事項

・日本国有鉄道の改革の実施後の輸送需要の動向その他の新たな事情の変化を踏まえた現に営業している路線の適切な維持及び駅その他の鉄道施設の整備に当たっての利用者の利便の確保に関する事項

・新会社がその事業を営む地域において当該事業と同種の事業を営む中小企業者の事業活動に対する不当な妨害又はその利益の不当な侵害を回避することによる中小企業者への配慮に関する事項

② 整備新幹線

ア．整備新幹線の建設計画

1970年に制定された全国新幹線鉄道整備法に基づき整備計画が決定された路線のうち，当社は北陸新幹線（上越市－大阪市）の営業主体となっており，建設主体である独立行政法人鉄道建設・運輸施設整備支援機構が建設・保有する新幹線施設の貸付けを受けて営業することとなっております。

2015年3月に北陸新幹線（長野－金沢間）が開業し，現在，北陸新幹線（金沢－敦賀間）において，独立行政法人鉄道建設・運輸施設整備支援機構により工事が進められております。 当社としては，目標である2023年度末の金沢－敦賀間開業に向けて着実に準備を進めております。

イ．整備新幹線建設の費用負担

整備新幹線の建設費は，全国新幹線鉄道整備法及び関連法令に基づいて「国，地方公共団体及び旅客会社が負担すること」，「旅客会社の負担は，整備新幹線の営業主体となる旅客会社が支払う受益の範囲を限度とした貸付料

等をあてること」と定められております。

　なお，整備新幹線の営業主体である旅客会社が支払う貸付料の額について
は，「独立行政法人鉄道建設・運輸施設整備支援機構法施行令」第6条にお
いて，当該新幹線開業後の営業主体の受益に基づいて算定された額（定額部
分）に，貸付けを受けた鉄道施設に関して同機構が支払う租税及び同機構の
管理費の合計額を加えた額を基準として，同機構において定めるものとされ
ております。

　北陸新幹線上越妙高ー金沢間の貸付料につきましては，同機構により算定
された定額部分の年額80億円が当該新幹線開業に伴う当社の受益の範囲内
にあると判断し，2015年3月に同機構との合意に至るとともに，当該貸付
料の額について，同機構は2015年3月に国土交通大臣の認可を受けており
ます。

　今後開業が予定されている区間の貸付料につきましても，同様に，当社と
同機構との合意を経て決定されるものと認識しております。

ウ．北陸新幹線に対する当社の考え方

　敦賀以西区間については，新幹線整備により大幅な時間短縮効果が見込ま
れることから，早期の大阪までの全線開業が望ましいと考えております。現
在，2017年3月に与党整備新幹線建設推進プロジェクトチームより出され
た結論に基づき，「小浜京都ルート」（敦賀駅ー小浜市（東小浜）附近ー京都
駅ー京田辺市（松井山手）附近ー新大阪駅）の環境影響評価の手続きが進め
られております。

　なお，全線開業に向けた着工区間の延伸に際しても「当社の負担は受益の
範囲内であること」や「並行在来線の経営分離」という従前からの基本原則
が守られる必要があると考えております。

　当社としては，引き続き今後の動向を注視していきます。

(point) 人口減少時代を迎え沿線価値向上が課題に

今後在来線の地方路線のみならず，京阪神エリアでも沿線人口・生産年齢人口は減少
していくと予想される。いかに沿線価値を高められるかといった取り組みが期待され
る。例えば，魅力的な街づくりなどでの地方の活性化などだ。また，需要に応じた鉄
道のスケールダウンなどが必要かもしれない。

3　経営者による財政状態，経営成績及びキャッシュ・フローの状況の分析

（1）　経営成績等の概要 ……………………………………………………

　当連結会計年度においては，想定以上に長引いた新型コロナウイルス感染症の影響の縮小に伴い，お客様のご利用や個人消費が回復するとともに，コスト節減等の構造改革や需要喚起策を実施しました。

　その結果，「中期経営計画2022」見直しで掲げた数値目標には達しなかったものの，営業収益は前期比35.3％増の1兆3,955億円，営業利益は839億円，経常利益は736億円となり，加えて，昨年4月に認定された事業適応計画に基づく税制特例により繰越欠損金に係る繰延税金資産の未計上額435億円を計上したことに伴い，法人税等を控除した親会社株主に帰属する当期純利益は885億円となりました。

　これをセグメント別に示すと次のとおりとなります。

① 運輸業

　当社グループは，2005年4月25日に福知山線列車事故を発生させたことを踏まえ，引き続き被害に遭われた方々への真摯な対応，安全性向上への弛まぬ努力を積み重ねるとともに，このような重大な事故を二度と発生させないとの決意のもと，最終年度となる「JR西日本グループ鉄道安全考動計画2022」（以下，「安全考動計画2022」）に基づき，ハード，ソフト両面における安全性向上の取り組みや，安全マネジメントの仕組みづくりを進めてきました。

　こうした中，「安全考動計画2022」の振り返りと，1月に発生させた降積雪に伴う大規模輸送障害における安全マネジメント上の課題等を踏まえ，より一層の安全性向上の取り組みを実践する「安全考動計画2027」を3月に策定しました。「お客様を想い，ご期待にお応えする」ことを強く意識して安全性向上に取り組むよう，安全に対する向きあい方を深め，「お客様から安心，信頼していただける鉄道」を築きあげていきます。

　当連結会計年度においても，ホームの安全対策として，在来線のご利用の多い駅等におけるホーム柵の整備等を引き続き進め，京都駅，三ノ宮駅の一部ホームでホーム柵の使用を開始しました。また，3月に開業した大阪駅（うめきたエリア）では世界初のフルスクリーンホームドアの使用を開始しました。さらに，茨木駅

---

point　自動車の脅威は当面縮小

　　自動車に関しては，高速道路の料金割引制度が縮小されるので，JR西日本含め JR3
　　社にとってはあまり脅威ではない。ただし，高速道路会社による料金の値下げ，新し
　　い道路の建設などがあれば将来ネガティブな要因となりえる。

の一部ホーム，放出駅及び福島駅の全てのホームでホーム安全スクリーンの使用を開始しました。

　激甚化する自然災害への対策としては，引き続き斜面防災対策や，降雨時運転規制へのレーダー雨量活用をはじめとした豪雨対策を実施しました。山陽新幹線における地震対策については，耐震補強対策及び逸脱防止対策を全線に拡大することを決定し，そのうち，主要な対策は2027年度末までの完了をめざし，着実に整備を進めました。在来線における建物・高架橋等の耐震補強等についても，計画に基づき着実に整備を進めました。

　加えて，新型コロナウイルス感染症の拡大防止については，お客様の安全を最優先に，より安心してご利用いただくためのさまざまな取り組みを行いました。今後も安全・安心に十分留意しつつ，各エリアの状況に応じた需要回復策，行動様式やお客様の意識の変化を捉えた新たな施策の展開に取り組んでいきます。

（需要回復に向けた主な具体的取り組み）
　・「サイコロきっぷ」の発売（昨年7月，9月及び1月）
　・「西日本グリーンきっぷ（特別版）」の発売（1月）
　・「西日本どこまで4DAYS（在来線乗り放題）」の発売（2月）
　・「大阪駅（うめきたエリア）開業記念きっぷ」の発売（2月）
（新たな価値創造へ向けた主な具体的取り組み）
　・岡山県新見市におけるICOCAを活用した地域ポイント事業の開始（昨年10月）
　・グループ共通の新たなポイントサービス「WESTERポイント」の開始（3月）
　・大阪駅（うめきたエリア）における「顔認証改札機」の実証実験開始，AIによる自動応対機能を搭載した「みどりの券売機プラス＋AI」の導入（3月）
　・「モバイルICOCA for Android ™」のサービス開始（3月）

　運輸業セグメントでは，鉄道需要の回復によりご利用が増加したことから，営業収益は前期比37.9％増の7,503億円，営業利益は244億円となりました。
② 流通業
　流通業については，各業界団体において作成されたガイドライン（以下，「ガイドライン」）を踏まえ，感染症対策を十分に実施し，安心してご利用いただけるよ

(point) **過去の高金利債務も着実に減少**

JR3社の特徴は，コストが年々徐々に減っていく構造が組み込まれているということ。国鉄の分割民営化時に，JR3社が余剰人員を受け入れ，高金利時の1991年に新幹線資産を買い取り，これに対する債務の金利が高水準で固定されたことが費用水準を高いものにしているが，これらの費用水準が徐々に落ちていく。債務については，新幹

うに努めてきました。

　昨年7月には，大阪駅の駅ナカ商業施設「エキマルシェ大阪」をグランドオープンしました。また，1月には，（株）ジェイアール西日本フードサービスネットがスターバックスコーヒージャパン（株）とのライセンス契約を締結しました。

　流通業セグメントに区分される宿泊特化型ホテル「ヴィアイン」については，昨年11月に「ヴィアインプライム」ブランドを立ち上げ，「ヴィアインプライム赤坂＜茜音の湯＞」を開業しました。

　流通業セグメントでは，感染状況の一定程度の落ち着き等による鉄道需要の回復に伴いコンビニエンスストアや百貨店等の売上が増加したこと，全国旅行支援による旅行需要の押し上げ効果等により流通業セグメントに区分される宿泊特化型ホテル「ヴィアイン」や土産店において売上が増加したこと等により，営業収益は前期比36.4％増の1,694億円，営業利益は56億円となりました。

③　不動産業

　不動産業についても，流通業と同様に，「ガイドライン」を踏まえ，感染症対策を十分に実施し，安心してご利用いただけるように努めてきました。

　ショッピングセンター運営業では，「ルクア大阪」や「天王寺ミオ」，「マリエとやま」等の商業施設において，変化する消費者の利用シーンに対応する店揃えやコンテンツを強化し，リニューアルを行いました。

　不動産販売・賃貸業では，販売事業の拡大，「JR金沢駅西第四NKビル」（昨年8月）や「VIERRA蒔田」（横浜市，同10月）の開業等，賃貸事業の強化を進めるとともに，私募リート事業の参画に向けアセットマネジメント業務を行うJR西日本不動産投資顧問（株）を設立しました（同7月）。

　不動産業セグメントでは，不動産販売・賃貸業において，投資家向け販売が増加したこと等により，営業収益は前期比12.5％増の1,700億円，営業利益は同22.2％増の367億円となりました。

④　その他

　ホテル業及び旅行業についても，「ガイドライン」を踏まえ，感染症対策を十分に実施し，安心してご利用いただけるように努めてきました。

　旅行業において，非旅行部門の「ソリューション事業」として，国や自治体よ

　　線債務は元利均等の支払であるため，年々元本返済が加速し高金利の新幹線債務の割合が低下することにより平均支払金利も低下する。

りワクチン接種関連事業等を受託するとともに，ツーリズム事業のデジタル化に向け，（株）野村総合研究所とのアライアンス契約を締結しました（2月）。

　その他セグメントでは，全国旅行支援による旅行需要の押し上げ効果や，旅行業において国内旅行収入やワクチン接種関連事業受託等の附帯事業収入が増加したこと等により，営業収益は前期比44.5％増の3,056億円，営業利益は同480.8％増の172億円となりました。

運輸業のうち，当社の鉄道事業の営業成績は以下のとおりであります。

ア．輸送実績

区分		単位	当事業年度 (自　2022年4月1日 至　2023年3月31日)	前事業年度比
営業日数		日	365	－
キロ程	新幹線	キロ	812.6	812.6
	在来線	キロ	(28.0) 4,090.5	(28.0) 4,090.5
	計	キロ	(28.0) 4,903.1	(28.0) 4,903.1
客車走行キロ	新幹線	千キロ	529,327	102.1　%
	在来線	千キロ	746,695	101.3
	計	千キロ	1,276,022	101.6
輸送人員	定期	千人	1,043,937	103.2
	定期外	千人	597,301	129.9
	計	千人	1,641,238	111.6
輸送人キロ	新幹線	定期	千人キロ	869,067	105.4
		定期外	千人キロ	15,424,692	172.9
		計	千人キロ	16,293,759	167.2
	在来線	近畿圏	定期	千人キロ	16,259,468	104.1
			定期外	千人キロ	8,539,545	136.1
			計	千人キロ	24,799,014	113.3
		その他	定期	千人キロ	3,503,288	102.0
			定期外	千人キロ	3,296,060	147.4
			計	千人キロ	6,799,348	119.9
		計	定期	千人キロ	19,762,757	103.8
			定期外	千人キロ	11,835,606	139.0
			計	千人キロ	31,598,363	114.7
	合計	定期	千人キロ	20,631,824	103.8
		定期外	千人キロ	27,260,298	156.4
		計	千人キロ	47,892,123	128.4
乗車効率	新幹線	%	39.4	24.0
	在来線	%	33.8	29.9
	計	%	35.5	28.1

(注)　1　キロ程欄の上段括弧書は，外数で第三種鉄道事業のキロ程であり，それ以外は第一種鉄道事業及び
　　　　　第二種鉄道事業のキロ程であります。また，前事業年度比は，前事業年度末の数値を記載しており
　　　　　ます。
　　　2　客車走行キロ数には，試運転，営業回送を含めておりません。
　　　3　輸送人キロ欄の近畿圏は，京都府（南部），大阪府（一部を除く），兵庫県（南部），滋賀県，奈良県

（一部を除く）及び三重県（一部）について記載しております。

4　乗車効率欄の前事業年度比は，前事業年度の数値を記載しております。

なお，乗車効率は次の方法により算出しております。

$$乗車効率 = \frac{輸送人キロ}{客車走行キロ \times 客車平均定員（標準定員）}$$

イ．収入実績

区分			単位	当事業年度 （自　2022年4月1日 至　2023年3月31日）	前事業年度比
旅客運輸収入	旅客収入	新幹線 定期	百万円	11,186	105.2 ％
		新幹線 定期外	百万円	340,492	169.4
		新幹線 計	百万円	351,679	166.2
		在来線 近畿圏 定期	百万円	101,512	103.7
		在来線 近畿圏 定期外	百万円	155,268	137.6
		在来線 近畿圏 計	百万円	256,781	121.9
		在来線 その他 定期	百万円	21,672	102.0
		在来線 その他 定期外	百万円	64,407	146.2
		在来線 その他 計	百万円	86,080	131.8
		在来線 計 定期	百万円	123,185	103.4
		在来線 計 定期外	百万円	219,676	140.0
		在来線 計 計	百万円	342,862	124.2
		合計 定期	百万円	134,372	103.5
		合計 定期外	百万円	560,169	156.5
		合計 計	百万円	694,541	142.4
	荷物収入		百万円	1	88.5
	合計		百万円	694,543	142.4
鉄道線路使用料収入			百万円	4,578	98.2
運輸雑収			百万円	65,102	110.4
収入合計			百万円	764,223	138.6

（注）　旅客収入欄の近畿圏は，京都府（南部），大阪府（一部を除く），兵庫県（南部），滋賀県，奈良県（一部を除く）及び三重県（一部）について記載しております。

(2)　資産，負債及び純資産の状況 ……………………………………………

当連結会計年度末の総資産額は，3兆7,355億円となり，前連結会計年度末と比較し330億円増加しました。これは主に，繰延税金資産の増加によるものです。

負債総額は，2兆5,911億円となり，前連結会計年度末と比較し370億円減少しました。これは主に，借入金の減少によるものです。

純資産総額は，1兆1,443億円となり，前連結会計年度末と比較し700億円増加しました。これは主に，利益剰余金の増加によるものです。

(3) キャッシュ・フローの状況 ･･････････････････････････････

当連結会計年度末における現金及び現金同等物は，前連結会計年度末に比べ297億円減の2,898億円となりました。

（営業活動によるキャッシュ・フロー）

税金等調整前当期純利益が増加したこと等から，営業活動において得た資金は2,739億円（前連結会計年度は864億円の支出）となりました。

（投資活動によるキャッシュ・フロー）

固定資産の売却による収入が減少したこと等から，投資活動において支出した資金は2,149億円（前連結会計年度は1,887億円の支出）となりました。

（財務活動によるキャッシュ・フロー）

借入金の返済を行ったこと等から，財務活動において支出した資金は887億円（前連結会計年度は3,846億円の収入）となりました。

(4) 生産，受注及び販売の実績 ･･････････････････････････････

当社及びその連結子会社（以下「当社グループ」という。）の大多数は，受注生産形態を取らない業態であります。このため，生産，受注及び販売の状況については，「4［経営者による財政状態，経営成績及びキャッシュ・フローの状況の分析］」における各事業のセグメント別経営成績に関連付けて示しております。

(5) 経営者の視点による経営成績等の状況に関する分析・検討内容 ･･･････････

文中における将来に関する事項は，当有価証券報告書提出日現在において判断したものであります。

① 重要な会計上の見積り及び当該見積りに用いた仮定

連結財務諸表の作成に当たって用いた会計上の見積り及び当該見積りに用いた

(point) **財政状態，経営成績及びキャッシュ・フローの状況の分析**

「事業等の概要」の内容などをこの項目で詳しく説明している場合があるため，この項目も非常に重要。自社が事業を行っている市場は今後も成長するのか，それは世界のどの地域なのか，今社会の流れはどうなっていて，それに対して売上を伸ばすために何をしているのか，収益を左右する費用はなにか，などとても有益な情報が多い。

仮定のうち、重要なものについては、「第5 ［経理の状況］1 ［連結財務諸表等］(1)
［連結財務諸表］［注記事項］（重要な会計上の見積り）」に記載のとおりであります。
② 当連結会計年度の経営成績等の状況に関する認識及び分析・検討内容

　当社グループは，基幹事業である鉄道事業において安全性の向上に全力で取り
組むとともに，その他のグループ事業においては，各事業の特性を活かしたさま
ざまな施策の展開及び保有資産の有効活用等に努めてきました。

　当連結会計年度においては，想定以上に長引いた新型コロナウイルス感染症の
影響の縮小に伴い，お客様のご利用や個人消費が回復するとともに，コスト節減
等の構造改革や需要喚起策を実施したことにより営業収益，営業利益，経常利益，
親会社株主に帰属する当期純利益のいずれも増加しました。

ア．営業収益

　営業収益は，前連結会計年度に比べ35.3％，3,644億円増加の1兆3,955
億円となりました。

　運輸業セグメントについては，当社の運輸収入が，鉄道需要の回復に伴い増
加したこと等により，営業収益は前連結会計年度に比べ37.9％，2,061億円
増加の7,503億円となりました。

　このうち，新幹線については，前連結会計年度に比べ66.2％，1,400億円
増加の3,516億円となりました。

　在来線については，前連結会計年度に比べ24.2％，668億円増加の3,428
億円となりました。

　流通業セグメントについては，鉄道需要の回復に伴い，コンビニエンススト
アや百貨店等の売上が増加したこと，全国旅行支援による旅行需要の押し上げ
効果等により，前連結会計年度に比べ36.4％，452億円増加の1,694億円と
なりました。

　不動産業セグメントについては，不動産販売・賃貸業において，投資家向け
販売が増加したこと等により，前連結会計年度に比べ12.5％，188億円増加
の1,700億円となりました。　その他セグメントについては，全国旅行支援に
よる旅行需要の押し上げ効果や，旅行業において国内旅行収入やワクチン接種
関連事業受託等の附帯事業収入が増加したこと等により，前連結会計年度に比

(point) **財政状態，経営成績及びキャッシュ・フローの状況の分析**

　「事業等の概要」の内容などをこの項目で詳しく説明している場合があるため，この
項目も非常に重要。自社が事業を行っている市場は今後も成長するのか，それは世界
のどの地域なのか，今社会の流れはどうなっていて，それに対して売上を伸ばすため
に何をしているのか，収益を左右する費用はなにか，などとても有益な情報が多い。

べ44.5%，941億円増加の3,056億円となりました。

イ．営業費

　　資源価格高騰の影響に伴う動力費の増加や発売手数料等の業務費の増加等により，前連結会計年度に比べ14.0%，1,613億円増加の1兆3,115億円となりました。

ウ．営業損益

　　営業損益は，前連結会計年度に比べ2,030億円改善し，839億円の利益となりました。

エ．営業外損益

　　営業外損益については，雇用調整助成金の受入の減少等により，前連結会計年度に比べ83億円減少し，103億円の損失となりました。

オ．経常損益

　　経常損益は，前連結会計年度に比べ1,946億円改善し，736億円の利益となりました。

カ．特別損益

　　特別損益については，固定資産売却益の減少等により，前連結会計年度に比べ162億円悪化し，7億円の損失となりました。

キ．親会社株主に帰属する当期純損益

　　親会社株主に帰属する当期純損益は，前連結会計年度に比べ2,017億円改善し，885億円の利益となりました。

③　経営成績に重要な影響を与える要因

ア．収益に影響する要因

　［運輸業］

　　運輸業セグメントは鉄道運輸収入が大宗を占めております。鉄道運輸収入は，主に鉄道利用者数により左右され，航空機を含めた他の輸送モード，同業他社との競争や，経済情勢，少子高齢化等，多くの要因により影響を受けます。また，鉄道利用者は，安全性，信頼性をベースに，所要時間・ネットワーク性・運賃・快適性を基準として選択を行うと考えております。

　　新幹線の収入は，主として，ビジネスや観光旅行客の数に左右され，経済環

(point) **非ビジネス利用が多い山陽新幹線**

　　山陽新幹線の特徴は，その需要のうち4〜5割が観光などの非ビジネス利用ということが挙げられる。観光資源が豊富な九州方面では非ビジネス利用の割合がさらに高い。価格敏感な非ビジネス利用の割合が大きいこの山陽新幹線エリアでは，安い運賃を売りにするLCCの魅力が大きく，競争の主戦場になりそうだ。

境や航空機との競争，訪日観光客の動向等に影響を受けます。

　近畿圏の収入は通勤・通学客が多いことから，経済情勢の影響を受けにくいと考えておりますが，少子高齢化や都市化等の人口推移による影響を受けると考えております。

　その他在来線のうち，都市間輸送の収入は経済情勢や高速バス，自家用車との競争による影響を受けます。また，ローカル線の収入は自家用車との競争や地域の経済情勢及び人口の推移による影響を受けます。

［流通業］

　流通業セグメントの収入は，主に百貨店業，物品販売業及び飲食業からの収入で構成されております。当セグメントの収入は，経済情勢及び他の百貨店，物販店舗，レストランとの競争に左右されます。当セグメントの事業の多くが駅やその周辺で行われているため，鉄道輸送量も影響を受ける要因です。しかし，駅は比較的安定したご利用があるため，当セグメントの収益は同業他社に比べ，これらの影響は少ないと考えております。また，新規店舗の開発や既存店舗の廃止によっても左右されます。

［不動産業］

　不動産業セグメントの収入は，主に駅やその周辺施設の賃貸収入，沿線におけるマンションの分譲販売により得られます。当セグメントは，経済情勢の影響を受けることや，マンション分譲事業の販売数の増減により業績が変動するものの，賃貸事業において，駅は比較的安定したご利用があり，テナントは立地の利便性から駅構内及びその周辺オフィスを好むことから，同業他社に比べ，経済情勢による影響は少ないと考えております。

［その他］

　その他セグメントの収入は，主としてホテル業及び旅行業によるものです。ホテル業の収益は，経済情勢や宿泊料金，他ホテルとの競争，訪日観光客の動向に影響されます。また，旅行業による収入は主に他旅行業者との競争，経済情勢やテロ等旅行を妨げる状況により影響を受けます。

　その他セグメントには，ホテル業，旅行業のほか，建設事業，広告業等がありますが，そのほとんどが基幹事業である鉄道事業の顧客基盤，駅及びその他

（point）**景気動向の影響を強く受ける収益構造**

　JR他社同様，JR西日本の収益は景気との連動性が高い。その理由は事業ポートフォリオにある。JR3社は，主力の運輸業以外，流通業，不動産業とその他事業を持っている。新幹線をはじめとして，これらの事業は国内経済の動きに敏感な内需関連事業なので，JR3社の収益は景気の動きに影響されやすい。JR西日本の非運輸事業は比較

の施設の強化を目的としたものであります。

イ．費用に影響する要因

[人件費]

　当社は，構造改革を推進しつつ，新規採用等により事業運営に必要な社員数を確保してきております。当事業年度の人件費は1,866億円となっております。

　人財確保については，新卒採用に加えて，近年の雇用の流動性の高まりが今後も継続することを念頭に，さまざまな経験を有する社会人の方の採用を行い，さらに多様性のある企業グループの構築を図っております。当事業年度においては新卒採用及び社会人採用等合計約300名の採用を行いました。

　また，年齢構成により退職者数が多い中で，高年齢層の人財を確保し，一層円滑な技術継承を図ること及び高年齢者雇用安定法への対応の観点から，定年後の再雇用制度を設定しております。

[物件費]

　当社は，鉄道事業の特徴である，（ⅰ）多くの設備を有し，安全の確保のために必要なメンテナンスに係るコストの比重が大きい，（ⅱ）収益に連動しない「固定費用」の割合が高いなどの事情から，安全性の確保を大前提として，メンテナンスが容易な車両及び設備の導入，機械化，既存のインフラの改良等により，これらの経費を構造的に削減する取り組みを行っております。

　しかしながら，福知山線列車事故の責任とその重大性及び新幹線重大インシデントを重く受け止め，安全で安心・信頼していただける鉄道を築き上げるために全力で取り組んでいるところであり，当分の間，安全性の向上に必要となる費用の増加が想定されます。

　また，対抗輸送機関との競争力向上のため，サービスレベルの向上，販売促進のためのIT化，効率化に寄与する外注化等による費用の増加も想定されます。

　さらに，電気料金の値上げによる費用の増加が想定されます。

[線路使用料等]

　当社は，JR東西線を関西高速鉄道株式会社から借り受けており，2004年度以降の線路使用料の年額については，3年度毎に協議し，金利変動等を勘案して決定することとなっております。また，2021年度以降の線路使用料につい

　的収益のブレは少ないが，それでもやはりアベノミクスの恩恵を受けやすいポジションにあると言える。

ては減額を行い，当事業年度の費用は105億円となっております。

[支払利息]

　営業外費用のうち，重要なものとして支払利息があります。当社グループとしては，経営の安定性を保つために長期債務残高や支払利息の水準を注視しております。当連結会計年度の当社グループの支払利息については208億円となり，前連結会計年度に比べ6億円減少しております。

④　流動性と資本の源泉

ア．キャッシュ・フロー

　当連結会計年度のキャッシュ・フローの分析については，「第2［事業の状況］3［経営者による財政状態、経営成績及びキャッシュ・フローの状況の分析］(3)キャッシュ・フローの状況」に記載の通りです。

イ．資本需要と設備投資

　当社グループは，当連結会計年度において総額2,382億円の設備投資を実施し，そのうち運輸業では1,735億円，流通業，不動産業及びその他では，38億円，587億円及び20億円をそれぞれ実施しました。運輸業に関する設備投資においては，安全性の向上を中心とした鉄道インフラの整備や，老朽車両の更新等を目的とした新型車両の購入を行っております。流通業，不動産業及びその他における当社グループの設備投資においては，新設備の建設や老朽設備の改築等を行っております。

　さらに，福知山線列車事故の責任とその重大性及び新幹線重大インシデントを重く受け止め，安全で安心・信頼していただける鉄道を築き上げるために全力で取り組んでいるところであり，安全をより一層高めるために必要な運転保安設備の整備等ハード対策を盛り込むとともに，今後もさまざまな検討を行うこととしております。

ウ．資金調達

　資金調達については，既存債務の返済資金や設備投資資金等のうち当社グループのフリー・キャッシュ・フローで賄いきれない分の調達を主としており，その調達手段は社債及び銀行等からの長期借入金等，市場動向や金利動向等を総合的に勘案しながら決定しております。　また，短期的に資金を必要とする

場合には，主として短期社債やコミットメントライン等で賄うことを基本とし
ております。

　なお，コミットメントラインの一部については，地震が発生した場合でも，
あらかじめ定めた条件によって資金調達が可能な契約内容となっております。

エ．流動性

　新型コロナウイルス感染症の影響を踏まえ，前連結会計年度まで早め厚めの
資金調達を行い，また，当連結会計年度においては経営状況が改善したことに
より鉄道事業を中心に日々の収入金も確保していることから，流動性資金は十
分な水準を確保しているものと考えております。

　一方で，資金効率向上は企業経営にとって極めて重要と認識しており，その
一環として，2002年10月からキャッシュ・マネジメント・サービス（CMS）
を導入し，グループ内資金の有効活用を図っております。

(point) **新幹線債務の減少で支払利息も軽減**

　新幹線債務（鉄道施設購入長期未払金）の残高減少につれて支払利息も徐々に減る見
通しだ。旧国鉄の民営化後に民間企業として運営されている一方で，「鉄道施設購入
長期未払金」の支払いが毎年生じる。この債務を背負いながら，3社で新幹線を独占
している。ちなみにJR西日本は，JR東日本とJR東海より利息負担が小さい。

設備の状況

1 設備投資等の概要

当連結会計年度（2022年4月1日から2023年3月31日まで）は，全体で2,382億円の設備投資を行いました。

運輸業においては，安全安定輸送の確保，旅客サービス及び収益性の向上，輸送基盤の整備等のための投資を行い，車両新造工事等に1,735億円の設備投資を実施いたしました。　流通業においては38億円，不動産業においては587億円，その他においては20億円の設備投資を実施いたしました。

また，経営に重要な影響を及ぼすような設備の売却，撤去又は滅失はありません。

2 主要な設備の状況

(1) 提出会社

① 総括表

セグメントの名称	帳簿価額						従業員数
	土地(面積)	建物	構築物	車両	その他	合計	
運輸業	百万円 561,986 千㎡ (92,592)	百万円 124,426	百万円 694,392	百万円 272,778	百万円 115,586	百万円 1,769,170	人 21,633
流通業	−	0	0	−	0	0	1
不動産業	53,876 (466)	11,621	335	−	232	66,066	70
その他	999 (102)	197	21	−	59	1,277	23

(注)　1　上記は，有形固定資産の残高（ただし，建設仮勘定は除く。）であります。

2　運輸業の用に供する土地の内訳は，線路用地（帳簿価額242,841百万円，面積57,362千㎡），停車場用地（帳簿価額295,164百万円，面積24,109千㎡），鉄道林用地（帳簿価額147百万円，面積10,739千㎡）等であります。

3　運輸業の用に供する建物とは，停車場建物，詰所，事務所等であります。

4　運輸業の用に供する構築物とは，高架橋，橋梁，トンネル，配電線等であります。

5　その他とは，自動車（運輸業185百万円），機械及び装置（運輸業102,274百万円，不動産業182百万円，その他59百万円），工具・器具・備品（運輸業12,657百万円，流通業0百万円，不動産業49百万円，その他0百万円），リース資産（運輸業468百万円）の合計であります。

6　上記のほかに，管理施設，社宅，福利厚生施設等の固定資産があります。

7　貸付けを受けている主な設備は次のとおりであります。

貸借先 貸借設備	設備のうち		賃借期間 (賃借終了年度)	賃借料
	土地	建物		
	㎡	㎡		百万円
独立行政法人鉄道建設・運輸施設整備支援機構 北陸新幹線(上越妙高～金沢間168.6km)	1,982,472	213,477	30年 (2044年度)	12,205
独立行政法人日本高速道路保有・債務返済機構 本四備讃線(茶屋町～児島間12.9km)	177,292	8,411	1年更新	41
新関西国際空港株式会社 関西空港線 (りんくうタウン～関西空港間6.9km)	36,799	35,726	100年 (2094年度)	1,715
関西高速鉄道株式会社 JR東西線(京橋～尼崎間12.5km)	11,916	40,089	30年 (2026年度)	10,500
大阪外環状鉄道株式会社 おおさか東線(新大阪～久宝寺間20.2km)	5,518	9,882	43年 (2061年度)	2,140

(1)　独立行政法人鉄道建設・運輸施設整備支援機構から貸付けを受けている北陸新幹線(上越妙高～金沢間)については，あらかじめ，同機構が国土交通大臣の認可を受けた貸付料を貸付けから30年間にわたり年4回支払うこととされております。この貸付料は，当該新幹線開業後の営業主体である当社の受益に基づいて算定された額及び借り受けた鉄道施設に関して同機構が支払う租税並びに同機構の管理費からなっておりますが，このうち受益に基づき算定された額については貸付けから30年間は定額とされております。

　　また，設備の維持更新については，通常の維持管理は当社が行い，これを超えるものについては同機構において行うこととなっております。

　　なお，31年目以降の取扱いについては，協議の上定めることとなっております。

(2)　独立行政法人日本高速道路保有・債務返済機構から借り受けている本四備讃線の利用料は，当社との協定等に基づき，独立行政法人日本高速道路保有・債務返済機構法施行令第6条に規定するところの管理費及び租税公課相当額を年4回支払うこととされております。

　　また，設備の維持更新については，当社が行うこととなっております。

(3)　新関西国際空港株式会社から借り受けている関西空港線の使用料は，当社並びに南海電気鉄道株式会社と新関西国際空港株式会社との協定等に基づき，当該鉄道施設の建設，所有及び管理に要する費用を償うものとして，年2回支払うこととされております。このうち，連絡橋部分の建設に係わるものについては，当社と南海電気鉄道株式会社が，それぞれの輸送実績に応じた使用料を支払うこととなっております。

　　また，設備の維持更新については，資本的支出を伴う鉄道施設の変更は新関西国際空港株式会社が行い，通常の保守管理は当社が行うこととなっております。

　　なお，100年経過後の使用料については，基本的には鉄道施設の所有及び管理に要する費用を支払うこととなっております。

(4)　関西高速鉄道株式会社から借り受けているJR東西線については，当社との協定等に基づき，当

該鉄道施設の建設、所有及び管理に要する費用を線路使用料として、30年間にわたり年4回支払うこととされており、その間の設備の維持更新については当社が行うこととなっております。

なお、31年目以降の線路使用料は、協議の上定めることとなっております。

(5)．大阪外環状鉄道株式会社から借り受けているおおさか東線（新大阪〜久宝寺間）については、当社との協定等に基づき、当該鉄道施設の建設、所有及び管理に要する費用を線路使用料として、43年間にわたり年1回年額2,140百万円を支払うこととされており、その間の設備の維持更新については当社が行うこととなっております。

(6)　宇野線・本四備讃線（岡山〜児島間）輸送改善事業において、当社は瀬戸大橋高速鉄道保有株式会社から、宇野線（備中箕島〜茶屋町間）の設備改良部分を借り受けております。その利用料は、当社と瀬戸大橋高速鉄道保有株式会社との協定に基づき当該事業における、瀬戸大橋高速鉄道保有株式会社に発生する鉄道施設の保有及び管理に要する費用を賄うものとして、40年間にわたり年1回支払うこととされております。その間の利用施設の維持管理については当社が行うこととなっております。

利用料の年額は81百万円とし，21年目以降の利用料は協議の上定めることとなっております。

(point) **主要な設備の状況**

「設備投資等の概要」では各セグメントの1年間の設備投資金額のみの掲載だが，ここではより詳細に，現在セグメント別，または各子会社が保有している土地，建物，機械装置の金額が合計でどれくらいなのか知ることができる。

② 運輸業

ア．線路及び電路施設

（ア）第一種鉄道事業

線名	区間			キロ程	単線・複線等別	駅数	軌間	電圧	変電所数
				km		箇所	m	V	箇所
赤穂線	(相生)	～	(東岡山)	57.4	単線	17	1.067	直流1,500	3
因美線	(東津山)	～	(鳥取)	70.8	単線	17	〃	－	－
宇野線	(岡山)	～	宇野	32.8	単線、複線	14	〃	直流1,500	2
宇部線	(新山口)	～	(宇部)	33.2	単線	16	〃	〃	1
越美北線	越前花堂	～	九頭竜湖	52.5	単線	22	〃	－	－
大糸線	(南小谷)	～	糸魚川	35.3	単線	8	〃	－	－
大阪環状線	(天王寺)	～	新今宮	20.7	複線、3線	16	〃	直流1,500	5
小野田線	(小野田)	～	(居能)	11.6	単線	7	〃	〃	－
	(雀田)	～	長門本山	2.3	単線	2	〃	〃	－
小浜線	(敦賀)	～	(東舞鶴)	84.3	単線	22	〃	〃	4
加古川線	(加古川)	～	(谷川)	48.5	単線	19	〃	〃	2
片町線	(木津)	～	(京橋)	44.8	単線、複線	22	〃	〃	5
	(正覚寺(信))	～	(平野)	1.5	単線	－	〃	〃	
	(神崎川(信))	～	(吹田貨物ターミナル)	3.7	単線	－	〃	〃	
可部線	(横川)	～	あき亀山	15.6	単線	13	〃	〃	2
関西線	(亀山)	～ 奈良 ～	JR難波	115.0	単線、複線、4線	31	〃	一部直流1,500	5
関西空港線	(日根野)	～	(りんくうタウン)	4.2	複線	－	〃	直流1,500	
岩徳線	(岩国)	～	(櫛ケ浜)	43.7	単線	13	〃	－	
姫新線	(姫路)	～	(新見)	158.1	単線	34	〃	－	
木次線	(備後落合)	～	(宍道)	81.9	単線	16	〃	－	
紀勢線	新宮 ～ 紀伊田辺 ～		和歌山市	204.0	単線、複線	56	〃	直流1,500	16
吉備線	(岡山)	～	(総社)	20.4	単線	8	〃	－	
草津線	(柘植)	～	(草津)	36.7	単線	9	〃	直流1,500	2
呉線	(三原)	～	(海田市)	87.0	単線	26	〃	〃	6
芸備線	(備中神代)	～	(広島)	159.1	単線	42	〃	－	
湖西線	(近江塩津)	～	(山科)	74.1	複線	19	〃	直流1,500	8
境線	(米子)	～	境港	17.9	単線	15	〃	一部直流1,500	－
桜井線	(奈良)	～	(高田)	29.4	単線	12	〃	直流1,500	2
桜島線	(西九条)	～	桜島	4.1	複線	3	〃	〃	1
山陰線	(京都) ～ 松江 ～		(幡生)	673.8	単線、複線	158	〃	一部直流1,500	21
	(長門市)	～	仙崎	2.2	単線	1	〃	－	
山陽線	(神戸)～上郡・柳井～下関			528.1	複線、4線	124	〃	直流1,500	55
	(兵庫)	～	和田岬	2.7	単線	1	〃	〃	
城端線	高岡	～	城端	29.9	単線	13	〃	－	
高山線	猪谷	～	富山	36.6	単線	10	〃	－	
津山線	(津山)	～	(岡山)	58.7	単線	15	〃	－	
東海道線	米原 ～ 大阪 ～ 神戸			143.6	単線、複線、4線、5線	52	〃	直流1,500	17
	(吹田貨物ターミナル)～(尼崎)			12.2	複線	－	〃	〃	

線名	区間			キロ程	単線・複線等別	駅数	軌間	電圧	変電所数
				km		箇所	m	V	箇所
七尾線	津幡	～	和倉温泉	59.5	単線	20	1.067	直流1,500	5
奈良線	(木津)	～	(京都)	34.7	単線、複線	17	〃	〃	5
博多南線	(博多)	～	博多南	8.5	複線	1	1.435	交流25,000	－
伯備線	(倉敷)	～	(伯耆大山)	138.4	単線、複線	26	1.067	直流1,500	11
播但線	(和田山)	～	(姫路)	65.7	単線	16	〃	一部直流1,500	2
阪和線	(天王寺)	～	(和歌山)	61.3	複線	33	〃	直流1,500	7
	(鳳)	～	東羽衣	1.7	単線	1	〃	〃	－
氷見線	(高岡)	～	氷見	16.5	単線	7	〃	－	－
福塩線	(福山)	～	(塩町)	78.0	単線	25	〃	一部直流1,500	1
福知山線	(尼崎)	～	(福知山)	106.5	単線、複線	28	〃	直流1,500	9
北陸線	金沢	～	(米原)	176.6	複線	41	〃	一部直流1,500 交流20,000	9
本四備讃線	(茶屋町)	～	児島	12.9	複線	4	〃	直流1,500	1
舞鶴線	東舞鶴	～	(綾部)	26.4	単線	5	〃	〃	2
美祢線	(厚狭)	～	(長門市)	46.0	単線	10	〃	－	－
山口線	(新山口)	～	(益田)	93.9	単線	26	〃	－	－
和歌山線	(王寺)～橋本～(和歌山)			87.5	単線	34	〃	直流1,500	6
在来線計	47線			4,052.5	－	1,147	－	－	215
山陽新幹線	(新大阪)	～	博多	644.0	複線	(12) 6	1.435	交流25,000	13
北陸新幹線	(上越妙高)	～	(金沢)	168.6	複線	(3) 2	1.435	交流25,000	5
合計	49線			4,865.1	－	(15) 1,155	－	－	233

(注) 1 区間欄の括弧内の駅は，当該区間の駅数には含んでおりません。

2 山陽新幹線の駅数は，新神戸，新尾道，東広島，新岩国，小倉及び博多の駅数であります。なお，山陽新幹線駅数欄の上段括弧書は，外数で在来線との併設駅数（小倉及び博多を除く。）を示しております。

3 北陸新幹線の駅数は，黒部宇奈月温泉及び新高岡の駅数であります。なお，北陸新幹線駅数欄の上段括弧書は，外数で在来線との併設駅数（新高岡を除く。）を示しております。

（イ） 第二種鉄道事業

線名	区間			キロ程	単線・複線等別	駅数	軌間	電圧	変電所数
				km		箇所	m	V	箇所
関西空港線	りんくうタウン	～	関西空港	6.9	複線	(2)	1.067	直流1,500	(2)
JR東西線	(京橋)	～	(尼崎)	12.5	複線	(7)	〃	〃	(2)
おおさか東線	(放出)	～	(久宝寺)	9.2	複線	(6)	〃	〃	(0)
	(新大阪)	～	(鴫野)	9.4		(4)	〃	〃	(1)
合計	3線			38.0	－	(19)	－	－	(5)

(注) 1 区間欄の括弧内の駅は，当該区間の駅数には含んでおりません。

2 駅数及び変電所数欄の括弧書は，第三種鉄道事業者である「新関西国際空港株式会社」，「関西高速鉄道株式会社」及び「大阪外環状鉄道株式会社」の保有する駅数及び変電所数を示しております。

（ウ）　第三種鉄道事業

線名	区間			キロ程	単線・複線等別	駅数	軌間	電圧	変電所数
				km		箇所	m	V	箇所
七尾線	（和倉温泉）	〜	穴水	28.0	単線	(6)	1.067	−	−

（注）1　区間欄の括弧内の駅は，当該区間の駅数には含んでおりません。

　　　2　駅数欄の括弧書は，第二種鉄道事業者である「のと鉄道株式会社」が営業する駅数を示しております。

イ．車両

（ア）　車両数

区分	蒸気機関車	電気機関車	内燃機関車	内燃動車	電車				客車	貨車	計
					電動	制御電動	制御	付随			
	両	両	両	両	両	両	両	両	両	両	両
在来線	5	10	29	461	1,541	1,351	892	789	20	152	5,250
新幹線	−	−	−	−	1,028	52	154	1	−	−	1,235
計	5	10	29	461	2,569	1,403	1,046	790	20	152	6,485

（注）　上記のほかに、線路建設保守用工作車1,263両を保有しております。

（イ） 車両施設

主な工場，車両所，電車区等は，次のとおりであります。

名称	所在地	土地		建物
		面積	帳簿価額	帳簿価額
		㎡	百万円	百万円
（山陽新幹線統括本部）				
博多総合車両所	福岡県那珂川市ほか	500,915	23,199	2,842
（金沢支社）				
白山総合車両所	石川県白山市	(279,964)	－	0
金沢総合車両所	石川県白山市ほか	293,997	225	249
金沢総合車両所 富山支所	富山県富山市	21,812	33	25
金沢総合車両所 敦賀支所	福井県敦賀市ほか	116,001	36	68
（近畿統括本部）				
吹田総合車両所	大阪府吹田市ほか	169,021	79	937
吹田総合車両所 京都支所	京都府向日市ほか	299,723	179	601
吹田総合車両所 日根野支所	大阪府泉佐野市ほか	236,551	890	184
吹田総合車両所 森ノ宮支所	大阪市城東区ほか	113,481	882	190
吹田総合車両所 奈良支所	奈良県奈良市ほか	77,794	2,940	177
吹田総合車両所 福知山支所	京都府福知山市ほか	160,709	919	171
網干総合車両所	兵庫県揖保郡太子町ほか	174,674	665	1,436
網干総合車両所 宮原支所	大阪市淀川区ほか	155,075	298	289
新宮列車区	和歌山県新宮市	23,615	26	107
（中国統括本部）				
後藤総合車両所	鳥取県米子市ほか	253,431	1,344	410
後藤総合車両所 岡山気動車支所	岡山市北区	29,824	35	28
後藤総合車両所 鳥取支所	鳥取県鳥取市	38,686	1	53
下関総合車両所	山口県下関市ほか	167,440	231	663
下関総合車両所 岡山電車支所	岡山市北区	126,236	59	250

（注）　（　）内は外数で独立行政法人鉄道建設・運輸施設整備支援機構から賃借中のものであります。

ウ．その他の主な施設

名称	所在地	土地		建物
		面積	帳簿価額	帳簿価額
		㎡	百万円	百万円
大阪資材センター	神戸市中央区	8,476	10	383
広島資材センター	広島市東区ほか	5,249	1	28

③ 不動産業

主な賃貸資産等は次のとおりであります。

賃貸先 (名称)	所在地	土地		建物
		面積	帳簿価額	帳簿価額
		㎡	百万円	百万円
西日本電気システム㈱ (厚狭太陽光発電所)	山口県山陽小野田市	132,930	418	－
大阪ターミナルビル㈱ (大阪ステーションシティ)	大阪市北区	39,447	9,099	－
JR西日本不動産開発㈱ (ミスターマックス)	山口県柳井市	36,089	4	－
㈱奈良ホテル (奈良ホテル)	奈良県奈良市	20,398	589	0
JR西日本大阪開発㈱ (吹田グリーンプレイス)	大阪府吹田市	18,615	8	－
JR西日本不動産開発㈱ (コカ・コーラウエスト ホッケースタジアム)	広島市安佐北区	18,290	96	－
医療法人JR広島病院 (JR広島病院)	広島市東区	15,241	829	－
JR西日本不動産開発㈱ (ナフコ)	山口県宇部市	13,586	4	－
JR西日本不動産開発㈱ (ピエラタウン西明石)	兵庫県明石市	12,571	23	－
JR西日本不動産開発㈱ (金沢フォーラス)	石川県金沢市	9,831	50	－

(2) 国内子会社 ···

① 運輸業

会社名 (所在地)	帳簿価額					従業員数
	土地(面積)	建物	構築物	その他	合計	
	百万円	百万円	百万円	百万円	百万円	人
中国ジェイアールバス㈱ (広島市南区)	1,494 千㎡ (131)	2,366	192	2,115	6,168	434
西日本ジェイアールバス㈱ (大阪市阿倍野区)	1,925 (100)	1,383	318	3,443	7,070	515

(注) 1 上記は，有形固定資産の残高（ただし，建設仮勘定は除く。）であります。
　　　2 その他とは，自動車，機械及び装置，工具・器具・備品，リース資産の合計であります。

② 流通業

会社名 (所在地)	帳簿価額					従業員数
	土地(面積)	建物	構築物	その他	合計	
㈱ジェイアール西日本伊勢丹 (京都市下京区)	百万円 − 千㎡ (−)	百万円 7,073	百万円 0	百万円 489	百万円 7,563	人 830
㈱ジェイアール西日本デイリー サービスネット (兵庫県尼崎市)	986 (4)	11,911	73	26,634	39,606	480

(注)1 上記は，有形固定資産の残高（ただし，建設仮勘定は除く。）であります。
   2 その他とは，自動車，機械及び装置，工具・器具・備品，リース資産の合計であります。

③ 不動産業

会社名 (所在地)	帳簿価額					従業員数
	土地(面積)	建物	構築物	その他	合計	
JR西日本不動産開発㈱ (大阪市北区)	百万円 35,289 千㎡ (94)	百万円 148,567	百万円 2,707	百万円 860	百万円 187,424	人 378
JR西日本SC開発㈱ (大阪市北区)	− (−)	21,625	21	635	22,283	193
京都駅ビル開発㈱ (京都市下京区)	− (−)	36,459	19	248	36,727	46
大阪ターミナルビル㈱ (大阪市北区)	− (−)	47,935	128	320	48,384	65
JR西日本プロパティーズ㈱ (東京都港区)	30,456 (467)	37,876	758	335	69,427	307

(注)1 上記は，有形固定資産の残高（ただし，建設仮勘定は除く。）であります。
   2 その他とは，自動車，機械及び装置，工具・器具・備品，リース資産の合計であります。

④　その他

会社名 （所在地）	帳簿価額					従業員数
	土地（面積）	建物	構築物	その他	合計	
大鉄工業㈱ （大阪市淀川区）	百万円 3,782 千㎡ （143）	百万円 3,695	百万円 236	百万円 439	百万円 8,153	人 1,366
㈱ジェイアール西日本ホテル開発 （京都市下京区）	877 （9）	12,548	30	10,894	24,351	449
㈱日本旅行 （東京都中央区）	755 （5）	708	5	230	1,699	1,808
㈱JR西日本テクシア （兵庫県尼崎市）	71 （1）	908	13	372	1,365	536
西日本電気システム㈱ （大阪府吹田市）	1,834 （10）	1,757	46	1,657	5,295	881

（注）1　上記は，有形固定資産の残高（ただし，建設仮勘定は除く。）であります。
　　　2　その他とは，自動車，機械及び装置，工具・器具・備品，リース資産の合計であります。

(3) 在外子会社 ‥‥‥‥‥‥‥‥‥‥‥‥‥‥‥‥‥‥‥‥‥‥‥‥‥‥‥‥‥‥‥‥‥

該当する会社はありません。

3 設備の新設，除却等の計画

(1) 重要な設備の新設等 ··

工事件名	セグメントの名称	予算総額	既支出額	今後の所要額	工事着手年月	完成予定年月
		百万円	百万円	百万円		
地震対策 （山陽新幹線の逸脱防止対策等）	運輸業	90,341	10,324	80,017	2015年5月	2027年度
鉄道駅バリアフリー料金制度を活用 したバリアフリー設備の整備 （可動式ホーム柵、 ホーム安全スクリーンの整備等）	運輸業	34,531	1,164	33,367	2022年4月	2029年度
広島市東部地区連続立体交差事業	運輸業	34,700	3,353	31,346	2021年6月	2036年度
大和路線 奈良・郡山間 高架化及び新駅設置	運輸業	13,741	1,681	12,060	2021年6月	2028年度
大阪駅西側エリアの開発工事	運輸業 不動産業 その他	103,500	36,151	67,349	2019年8月	2027年春
広島駅ビル建替	運輸業 不動産業 その他	59,621	21,828	37,793	2019年10月	2025年春
車両新造工事	運輸業	61,665	4,386	57,279	2021年1月	2024年度
博多総合車両所のリニューアル工事	運輸業	30,693	6,080	24,613	2018年11月	2037年度
吹田総合車両所のリニューアル工事	運輸業	35,534	1,754	33,779	2019年7月	2035年度

（注）　今後の必要資金は，自己資金を中心に，必要により社債及び借入金により調達します。なお，自治体等の要請に基づく工事については，当該自治体等の負担金により行います。

(2) 重要な設備の除却 ··

該当事項はありません。

1 株式等の状況

（1） 株式の総数等 ⋯⋯⋯⋯⋯⋯⋯⋯⋯⋯⋯⋯⋯⋯⋯⋯⋯⋯⋯⋯⋯⋯

① 株式の総数

種類	発行可能株式総数
	株
普通株式	800,000,000
計	800,000,000

② 発行済株式

種類	事業年度末現在発行数 （2023年3月31日）	提出日現在発行数 （2023年6月26日）	上場金融商品取引所名又は登録認可金融商品取引業協会名	内容
	株	株		
普通株式	244,001,600	244,001,600	東京証券取引所 プライム市場	単元株式数は100株であります。
計	244,001,600	244,001,600	－	－

📶 **設備の新設，除却等の計画**

　ここでは今後，会社がどの程度の設備投資を計画しているか知ることができる。毎期どれくらいの設備投資を行っているか確認すると，技術等での競争力維持に積極的な姿勢かどうか，どのセグメントを重要視しているか分かる。また景気が悪化したときは設備投資額を減らす傾向にある。

■ 経理の状況

1. 連結財務諸表及び財務諸表の作成方法について ··················

(1) 当社の連結財務諸表は、「連結財務諸表の用語、様式及び作成方法に関する規則」（昭和51年大蔵省令第28号）に基づいて作成しております。

(2) 当社の財務諸表は、「財務諸表等の用語、様式及び作成方法に関する規則」（昭和38年大蔵省令第59号。以下「財務諸表等規則」という。）第2条の規定に基づき、「財務諸表等規則」及び「鉄道事業会計規則」（昭和62年運輸省令第7号）により作成しております。

2. 監査証明について ··

当社は、金融商品取引法第193条の2第1項の規定に基づき、連結会計年度（2021年4月1日から2022年3月31日まで）及び事業年度（2021年4月1日から2022年3月31日まで）の連結財務諸表及び財務諸表について、EY新日本有限責任監査法人により監査を受けております。

3. 連結財務諸表等の適正性を確保するための特段の取組みについて ··········

当社は、連結財務諸表等の適正性を確保するための特段の取組みを行っております。具体的には、会計基準等の内容を適切に把握できる体制を整備するため、公益財団法人財務会計基準機構に加入し、会計基準等に関する情報を適時入手しております。また有価証券報告書等に関する研修に参加しております。

(point) 株式の総数等

発行可能株式総数とは，会社が発行することができる株式の総数のことを指す。役員会では，株主総会の了承を得ないで，必要に応じてその株数まで，株を発行することができる。敵対的TOBでは，経営陣が，自社をサポートしてくれる側に，新株を第三者割り当てで発行して，買収を防止することがある。

（1） 連結財務諸表 ···

① 連結貸借対照表

（単位：百万円）

	前連結会計年度 （2022年3月31日）	当連結会計年度 （2023年3月31日）
資産の部		
流動資産		
現金及び預金	※4 319,843	※4 290,138
受取手形及び売掛金	42,579	43,886
未収運賃	30,906	41,472
未収金	90,441	115,535
有価証券	※4 79	※4 36
棚卸資産	※1 145,884	※1 153,234
その他	88,902	73,844
貸倒引当金	△588	△1,616
流動資産合計	718,048	716,532
固定資産		
有形固定資産		
建物及び構築物（純額）	※4 1,234,911	※4 1,230,595
機械装置及び運搬具（純額）	385,046	399,001
土地	※4 782,009	※4 782,965
建設仮勘定	150,783	117,193
その他（純額）	57,029	51,447
有形固定資産合計	※2 2,609,781	※2 2,581,205
無形固定資産	31,268	49,254
投資その他の資産		
投資有価証券	※3,※4 97,520	※3,※4 101,980
退職給付に係る資産	3,134	3,173
繰延税金資産	197,964	232,895
その他	※4 48,499	※4 53,558
貸倒引当金	△4,936	△3,761
投資その他の資産合計	342,181	387,846
固定資産合計	2,983,232	3,018,306
繰延資産		
株式交付費	1,140	668
繰延資産合計	1,140	668
資産合計	3,702,421	3,735,507

	前連結会計年度 （2022年3月31日）	当連結会計年度 （2023年3月31日）
負債の部		
流動負債		
支払手形及び買掛金	※4 57,134	※4 66,020
短期借入金	14,229	17,483
1年内償還予定の社債	25,000	100,000
1年内返済予定の長期借入金	71,572	39,553
鉄道施設購入未払金	1,167	1,245
未払金	105,944	※4 122,108
未払消費税等	8,371	23,451
未払法人税等	9,535	13,600
預り連絡運賃	3,588	2,240
預り金	122,083	119,536
前受運賃	30,404	37,244
前受金	62,336	44,052
賞与引当金	23,480	29,540
災害損失引当金	1,205	396
ポイント引当金	654	706
その他	39,188	41,283
流動負債合計	575,898	658,464
固定負債		
社債	949,990	859,992
長期借入金	578,435	557,482
鉄道施設購入長期未払金	98,681	97,436
繰延税金負債	1,145	1,474
新幹線鉄道大規模改修引当金	25,000	29,166
環境安全対策引当金	5,880	3,414
線区整理損失引当金	16,627	15,794
退職給付に係る負債	238,077	223,318
その他	138,471	144,653
固定負債合計	2,052,311	1,932,733
負債合計	2,628,209	2,591,198
純資産の部		
株主資本		
資本金	226,136	226,136
資本剰余金	183,812	183,904
利益剰余金	561,874	626,108
自己株式	△482	△1,378
株主資本合計	971,341	1,034,772
その他の包括利益累計額		
その他有価証券評価差額金	△1,270	1,061
繰延ヘッジ損益	-	△9
退職給付に係る調整累計額	△1,131	△1,347
その他の包括利益累計額合計	△2,402	△295
非支配株主持分	105,272	109,832
純資産合計	1,074,211	1,144,309
負債純資産合計	3,702,421	3,735,507

---

point **連結財務諸表等**

ここでは主に財務諸表の作成方法についての説明が書かれている。企業は大蔵省が定めた規則に従って財務諸表を作るよう義務付けられている。また金融商品法に従い，作成した財務諸表がどの監査法人によって監査を受けているかも明記されている。

② 連結損益計算書及び連結包括利益計算書

連結損益計算書

	前連結会計年度 （自 2021年4月1日 至 2022年3月31日）	当連結会計年度 （自 2022年4月1日 至 2023年3月31日）
営業収益	※1 1,031,103	※1 1,395,531
営業費		
運輸業等営業費及び売上原価	※4 987,857	※4 1,126,833
販売費及び一般管理費	※3,※4 162,338	※3,※4 184,727
営業費合計	※2 1,150,195	※2 1,311,560
営業利益又は営業損失（△）	△119,091	83,970
営業外収益		
受取利息	101	41
受取配当金	3,153	997
保険配当金	1,443	1,546
受託工事事務費戻入	1,762	1,646
持分法による投資利益	1,022	1,099
貸倒引当金戻入額	173	1,708
雇用調整助成金	10,371	1,854
その他	5,591	4,282
営業外収益合計	23,620	13,177
営業外費用		
支払利息	21,450	20,816
その他	4,126	2,711
営業外費用合計	25,576	23,528
経常利益又は経常損失（△）	△121,047	73,619
特別利益		
固定資産売却益	※5 33,674	※5 7,262
工事負担金等受入額	19,678	65,983
収用補償金	1,208	1,406
その他	4,256	1,787
特別利益合計	58,818	76,440
特別損失		
工事負担金等圧縮額	18,375	63,493
収用等圧縮損	1,208	1,405
線区整理損失引当金繰入額	8,638	－
その他	15,121	12,287
特別損失合計	43,343	77,186
税金等調整前当期純利益又は 税金等調整前当期純損失（△）	△105,573	72,873
法人税、住民税及び事業税	11,378	14,429
法人税等調整額	△6,186	△35,426
法人税等合計	5,191	△20,997
当期純利益又は当期純損失（△）	△110,764	93,871
非支配株主に帰属する当期純利益	2,433	5,342
親会社株主に帰属する当期純利益又は 親会社株主に帰属する当期純損失（△）	△113,198	88,528

(point) 連結財務諸表

　ここでは貸借対照表（またはバランスシート，BS），損益計算書（PL），キャッシュフロー計算書の詳細を調べることができる。あまり会計に詳しくない場合は，最低限，損益計算書の売上と営業利益を見ておけばよい。可能ならば，その数字が過去5年，10年の間にどのように変化しているか調べると会社への理解が深まるだろう。

連結包括利益計算書

（単位：百万円）

	前連結会計年度 （自 2021年4月1日 至 2022年3月31日）	当連結会計年度 （自 2022年4月1日 至 2023年3月31日）
当期純利益又は当期純損失（△）	△110,764	93,871
その他の包括利益		
その他有価証券評価差額金	△484	2,442
繰延ヘッジ損益	－	△12
退職給付に係る調整額	△975	△275
持分法適用会社に対する持分相当額	△1	△29
その他の包括利益合計	△1,462	2,125
包括利益	※ △112,226	※ 95,996
（内訳）		
親会社株主に係る包括利益	△114,838	90,635
非支配株主に係る包括利益	2,611	5,361

③　連結株主資本等変動計算書

前連結会計年度（自　2021年4月1日　至　2022年3月31日）

（単位：百万円）

	株主資本				
	資本金	資本剰余金	利益剰余金	自己株式	株主資本合計
当期首残高	100,000	57,454	696,843	△482	853,815
当期変動額					
新株の発行	126,136	126,136			252,273
剰余金の配当			△21,766		△21,766
親会社株主に帰属する当期純利益又は親会社株主に帰属する当期純損失（△）			△113,198		△113,198
連結範囲の変動			△8		△8
合併による増減		－	4		4
自己株式の取得				△0	△0
自己株式の処分		－		－	－
持分法適用会社に対する持分変動に伴う自己株式の増減				0	0
連結子会社株式の取得による持分の増減		221			221
株主資本以外の項目の当期変動額（純額）					
当期変動額合計	126,136	126,358	△134,969	△0	117,525
当期末残高	226,136	183,812	561,874	△482	971,341

	その他の包括利益累計額				非支配株主持分	純資産合計
	その他有価証券評価差額金	繰延ヘッジ損益	退職給付に係る調整累計額	その他の包括利益累計額合計		
当期首残高	△780	0	17	△762	103,203	956,256
当期変動額						
新株の発行						252,273
剰余金の配当						△21,766
親会社株主に帰属する当期純利益又は親会社株主に帰属する当期純損失（△）						△113,198
連結範囲の変動						△8
合併による増減						4
自己株式の取得						△0
自己株式の処分						－
持分法適用会社に対する持分変動に伴う自己株式の増減						0
連結子会社株式の取得による持分の増減						221
株主資本以外の項目の当期変動額（純額）	△490	△0	△1,149	△1,639	2,069	429
当期変動額合計	△490	△0	△1,149	△1,639	2,069	117,954
当期末残高	△1,270	－	△1,131	△2,402	105,272	1,074,211

当連結会計年度（自　2022年4月1日　至　2023年3月31日）

（単位：百万円）

	株主資本				
	資本金	資本剰余金	利益剰余金	自己株式	株主資本合計
当期首残高	226,136	183,812	561,874	△482	971,341
当期変動額					
新株の発行	－	－			－
剰余金の配当			△24,390		△24,390
親会社株主に帰属する当期純利益又は親会社株主に帰属する当期純損失（△）			88,528		88,528
連結範囲の変動			－		－
合併による増減		△62	97		34
自己株式の取得				△963	△963
自己株式の処分		0		68	69
持分法適用会社に対する持分変動に伴う自己株式の増減				－	－
連結子会社株式の取得による持分の増減		153			153
株主資本以外の項目の当期変動額（純額）					
当期変動額合計	－	91	64,234	△895	63,430
当期末残高	226,136	183,904	626,108	△1,378	1,034,772

	その他の包括利益累計額				非支配株主持分	純資産合計
	その他有価証券評価差額金	繰延ヘッジ損益	退職給付に係る調整累計額	その他の包括利益累計額合計		
当期首残高	△1,270	－	△1,131	△2,402	105,272	1,074,211
当期変動額						
新株の発行						－
剰余金の配当						△24,390
親会社株主に帰属する当期純利益又は親会社株主に帰属する当期純損失（△）						88,528
連結範囲の変動						－
合併による増減						34
自己株式の取得						△963
自己株式の処分						69
持分法適用会社に対する持分変動に伴う自己株式の増減						－
連結子会社株式の取得による持分の増減						153
株主資本以外の項目の当期変動額（純額）	2,332	△9	△215	2,106	4,559	6,666
当期変動額合計	2,332	△9	△215	2,106	4,559	70,097
当期末残高	1,061	△9	△1,347	△295	109,832	1,144,309

④ 連結キャッシュ・フロー計算書

(単位：百万円)

	前連結会計年度 (自 2021年4月1日 至 2022年3月31日)	当連結会計年度 (自 2022年4月1日 至 2023年3月31日)
営業活動によるキャッシュ・フロー		
税金等調整前当期純利益又は 税金等調整前当期純損失（△）	△105,573	72,873
減価償却費	160,868	159,655
工事負担金等圧縮額	18,375	63,493
固定資産除却損	5,984	5,228
固定資産売却損益（△は益）	△33,488	△7,184
退職給付に係る負債の増減額（△は減少）	△18,686	△15,416
貸倒引当金の増減額（△は減少）	△113	△147
賞与引当金の増減額（△は減少）	4	6,055
新幹線鉄道大規模改修引当金の 増減額（△は減少）	4,166	4,166
その他の引当金の増減額（△は減少）	5,721	△4,089
受取利息及び受取配当金	△3,255	△1,039
支払利息	21,450	20,816
持分法による投資損益（△は益）	△1,022	△1,099
工事負担金等受入額	△19,678	△65,983
売上債権の増減額（△は増加）	△39,478	△37,305
棚卸資産の増減額（△は増加）	△22,680	△3,364
仕入債務の増減額（△は減少）	△41,733	55,335
未払又は未収消費税等の増減額	10,194	15,073
その他	8,563	37,883
小計	△50,382	304,952
利息及び配当金の受取額	3,254	1,033
利息の支払額	△21,215	△20,633
法人税等の支払額	△18,124	△11,388
営業活動によるキャッシュ・フロー	△86,468	273,964
投資活動によるキャッシュ・フロー		
固定資産の取得による支出	△240,480	△246,013
固定資産の売却による収入	34,832	11,389
工事負担金等受入による収入	26,365	28,920
投資有価証券の取得による支出	△1,829	△2,375
投資有価証券の売却による収入	1,582	700
貸付金の純増減額（△は増加）	△3,144	△1,304
その他	△6,036	△6,218
投資活動によるキャッシュ・フロー	△188,711	△214,902

	前連結会計年度 （自 2021年4月1日 至 2022年3月31日）	当連結会計年度 （自 2022年4月1日 至 2023年3月31日）
財務活動によるキャッシュ・フロー		
短期借入金の純増減額（△は減少）	△5,104	1,217
長期借入れによる収入	68,600	18,600
長期借入金の返済による支出	△36,952	△71,572
社債の発行による収入	160,000	10,000
社債の償還による支出	△25,000	△25,000
鉄道施設購入長期未払金の支払による支出	△1,309	△1,167
株式の発行による収入	250,857	－
自己株式の取得による支出	△0	△963
配当金の支払額	△23,214	△24,400
非支配株主への配当金の支払額	△305	△235
その他	△2,885	4,756
財務活動によるキャッシュ・フロー	384,685	△88,765
現金及び現金同等物の増減額（△は減少）	109,505	△29,703
現金及び現金同等物の期首残高	210,045	319,596
新規連結に伴う現金及び現金同等物の増加額	45	－
現金及び現金同等物の期末残高	※ 319,596	※ 289,893

【注記事項】

（連結財務諸表作成のための基本となる重要な事項）

1．連結の範囲に関する事項 ···

(1) 連結子会社の数 60社

　　連結子会社名は、「第1［企業の概況］4［関係会社の状況］」に記載しているため省略しております。

(2) 非連結子会社は、（株）関西シビルコンサルタント等86社であり、その合計の総資産、売上高、当期純損益（持分に見合う額）及び利益剰余金（持分に見合う額）等は、連結財務諸表に重要な影響を及ぼさないため連結の範囲から除外しております。

(3) 当連結会計年度において、2022年7月1日に（株）京都駅観光デパートが京都ステーションセンター（株）と合併して消滅しております。また、2022年7月1日に京都ステーションセンター（株）はJR西日本京都SC開発（株）に社名を変更しております。

2. 持分法の適用に関する事項

（1） 持分法適用の非連結子会社はありません。

（2） 持分法適用の関連会社は，関西高速鉄道（株），大阪外環状鉄道（株），アジア航測（株），広成建設（株），鉄道情報システム（株）の5社であります。

（3） 非連結子会社86社及び関連会社の(株)交通新聞社等17社の当期純損益(持分に見合う額)の合計及び利益剰余金（持分に見合う額）等の合計は，連結財務諸表に及ぼす影響が軽微であるため，持分法の適用範囲から除外しております。

（4） 持分法適用会社のうち，アジア航測（株）の決算日は9月30日であります。同社については，直近の事業年度に係る財務諸表を使用しております。その他の持分法適用会社の決算日はすべて3月31日であり，連結決算日と同一であります。

3. 連結子会社の事業年度等に関する事項

連結子会社のうち，（株）日本旅行の決算日は12月31日であります。連結財務諸表の作成に当たっては，同決算日現在の財務諸表を使用しております。連結決算日との間に生じた重要な取引については，連結上必要な調整を行っております。その他の連結子会社の決算日はすべて3月31日であり，連結決算日と同一であります。

4. 会計方針に関する事項

（1） 重要な資産の評価基準及び評価方法

① 有価証券

その他有価証券

市場価格のない株式等以外のもの

時価法（評価差額は全部純資産直入法により処理し，売却原価は主として移動平均法により算定）によっております。

市場価格のない株式等

主として移動平均法による原価法によっております。

② デリバティブ

時価法によっております。

③ 棚卸資産

商品

主として売価還元法、最終仕入原価法による原価法によっております。

分譲土地建物

個別法による原価法によっております。

仕掛品

個別法による原価法によっております。

貯蔵品

主として移動平均法による原価法によっております。

なお、貸借対照表価額は、収益性の低下に基づく簿価切り下げの方法により算定しております。

(2)　重要な減価償却資産の減価償却の方法 ·····································

① 有形固定資産（リース資産を除く）

主として定率法によっております。ただし、鉄道事業取替資産については取替法によっております。

② 無形固定資産

定額法によっております。

なお、自社利用のソフトウェアについては、社内における利用可能期間（主として5年）に基づく定額法によっております。

③ リース資産

所有権移転外ファイナンス・リース取引に係るリース資産

リース期間を耐用年数とし、残存価額を零とする定額法によっております。

④ 長期前払費用

均等額償却を行っております。

(3)　繰延資産の処理方法 ･･

① 社債発行費

　　支出時に全額費用処理しております。

② 株式交付費

　　３年間にわたり均等償却しております。

(4)　重要な引当金の計上基準 ･･

① 貸倒引当金

　　債権の貸倒損失に備えるため、一般債権については貸倒実績率により、貸倒
　懸念債権等特定の債権については個別に回収可能性を検討し、回収不能見込額
　を計上しております。

② 賞与引当金

　　従業員賞与の支給に備えるため、支給見込額を計上しております。

③ 災害損失引当金

　　「平成30年７月豪雨」による被害に対する今後の復旧に要する費用の支出に
　備えるため、その見積り額を計上しております。

④ ポイント引当金

　　ＳＣ業における店舗利用者に付与したポイントの利用に備えるため、当連結
　会計年度末においてその金額を合理的に見積もることができる将来引換見込額
　を計上しております。

⑤ 新幹線鉄道大規模改修引当金

　　全国新幹線鉄道整備法第17条第１項の規定に基づき計上しております。

⑥ 環境安全対策引当金

　　保管するPCB廃棄物等の処理費用の支出に備えるため、当連結会計年度末
　における処理費用の見積り額を計上しております。

⑦ 線区整理損失引当金

　　廃止した三江線（江津～三次駅間）の橋梁の撤去等の支出に備えるため、そ
　の見積り額を計上しております。

(5)　退職給付に係る会計処理の方法 ……………………………………………………

① 退職給付見込額の期間帰属方法

　　退職給付債務の算定にあたり、退職給付見込額を当連結会計年度末までの期間に帰属させる方法については、給付算定式基準によっております。

② 数理計算上の差異及び過去勤務費用の費用処理方法

　　過去勤務費用については、主として発生年度に全額を一括して費用処理しております。

　　数理計算上の差異については、主としてその発生時における従業員の平均残存勤務期間以内の一定の年数（主として10年）による定額法により按分した額を、主としてそれぞれ発生の翌連結会計年度から費用処理しております。

③ 小規模企業等における簡便法の採用

　　一部の連結子会社は、退職給付に係る負債及び退職給付費用の計算に、退職給付に係る期末自己都合要支給額を退職給付債務とする方法を用いた簡便法を適用しております。

(6)　重要な収益及び費用の計上基準 ……………………………………………………

　　当社及び連結子会社は、主として以下の5ステップアプローチに基づき、顧客への財又はサービスの移転との交換により、その権利を得ると見込む対価を反映した金額で収益を認識しております。

　　ステップ1：顧客との契約を識別する

　　ステップ2：契約における履行義務を識別する

　　ステップ3：取引価格を算定する

　　ステップ4：取引価格を契約における別個の履行義務へ配分する

　　ステップ5：履行義務を充足した時点で(又は充足するにつれて)収益を識別する

　　各事業における収益の計上基準は次のとおりです。

　　運輸業

　　運輸業は、主に鉄道による旅客輸送サービスを提供しており、運送約款に基づいて顧客に対し旅客輸送サービスを提供する義務を負っております。当

該履行義務は、旅客輸送サービスが完了した時点又は一定の期間にわたり充足されると判断し収益を認識しております。

流通業

　流通業は、主に駅構内において展開する店舗にて商品の販売を行っており、通常、商品の引き渡し時点において顧客が当該商品に対する支配を獲得し、履行義務が充足されると判断し収益を認識しております。

不動産業

　不動産販売業は、主に沿線におけるマンションの分譲販売を行っており、顧客との不動産売買契約に基づいて顧客に対し当該物件の引き渡しを行う義務を負っております。当該履行義務は、物件の引き渡し時点において充足されると判断し収益を認識しております。

　なお、不動産賃貸業は、主に駅やその周辺施設の貸付けを行っておりますが、これら不動産賃貸による収益は、「リース取引に関する会計基準（企業会計基準第13号　2007年3月30日）」に従い、賃貸借期間にわたって計上しております。

その他の事業

ホテル業

　ホテル業は、駅構内用地の駅ビルにおいて主に宿泊、宴会サービスを提供しており、利用規約に基づいて、顧客に対し施設及びサービスを提供する義務を負っております。当該履行義務は、施設の利用又はサービスを提供した時点において履行義務が充足されると判断し収益を認識しております。

旅行業

　旅行業は、主に旅行の手配、自社の企画旅行商品の販売を行っており、旅行条件書に基づいて顧客に対し鉄道等の予約手配、宿泊券類の発行、企画旅行を実施する義務を負っております。当該履行義務は、鉄道等の予約手配、宿泊券類を発行した時点又は旅行の実施期間にわたり充足されると判断し収益を認識しております。

建設事業

　建設事業は、主に鉄道関連工事やマンション、公共施設の工事を請け負っ

ており、工事請負契約等に基づいて顧客に対し当該施設等の引き渡しを行う義務を負っております。当該履行義務は、資産の価値が増加し、当該資産の価値が増加するにつれて顧客が当該資産を支配すると判断したものについては、履行義務の進捗に応じて収益を認識しております。また、進捗度の測定は、発生原価に基づくインプット法に拠っております。

なお、契約における取引開始日から完全に履行義務を充足すると見込まれる時点までの期間がごく短い工事請負契約等については代替的な取扱いを適用し、一定の期間にわたり収益を認識せず、完全に履行義務を充足した時点で収益を認識しております。

収益の総額と純額表示

当社及び連結子会社が当事者として取引を行っている場合には、本人取引として、顧客から受け取る対価の総額で収益を認識しております。当社及び連結子会社が第三者のために取引を行っている場合には、代理人取引として、顧客から受け取る対価の総額から第三者のために回収した金額を差し引いた純額で収益を表示しております。

当社及び連結子会社が本人取引としているか、代理人取引としているかの判定にあたっては、次の指標を考慮しております。

・企業が、約束の履行に対する主たる責任を有しているか
・企業が、顧客の発注前後、出荷中や返品中に在庫リスクを有しているか
・企業が、価格設定の裁量権を有しているか

ポイントプログラム

当社及び連結子会社は会員向けのポイントプログラムを運営しており、旅客輸送サービス等の利用に応じて付与されるポイントは、将来当社及び連結子会社並びに提携他者によるサービスを受けるために利用することができます。付与したポイント分を履行義務として認識し、契約負債に計上しております。取引価格は、必要に応じてサービスの利用割合や失効見込分を考慮した上で、独立販売価格の比率に基づいて各履行義務に配分しております。ポイントプログラムの履行義務に配分された取引価格は「契約負債」として繰延べ、ポイントの利用に伴い収益を認識しております。

重要な金融要素

　当社及び連結子会社の約束した対価の金額に重要な金融要素は含まれております。ません。

(7)　重要なヘッジ会計の方法 ………………………………………………………

① ヘッジ会計の方法

　原則として繰延ヘッジ処理によっております。なお、振当処理の要件を満たしている為替予約及び通貨スワップについては振当処理に、特例処理の要件を満たしている金利スワップについては特例処理によっております。

② ヘッジ手段とヘッジ対象

　・ヘッジ手段…為替予約取引

　　ヘッジ対象…外貨建金銭債権債務及び外貨建予定取引

　・ヘッジ手段…通貨スワップ取引

　　ヘッジ対象…外貨建金銭債務

　・ヘッジ手段…金利スワップ取引

　　ヘッジ対象…資金調達に伴う金利取引

③ ヘッジ方針

　デリバティブ取引に関する各社の規程に基づき、ヘッジ対象に係る為替変動リスク及び金利

　変動リスクを一定の範囲内でヘッジしております。

④ ヘッジ有効性評価の方法

　ヘッジ手段とヘッジ対象の対応関係について、決算日毎に確認することにより、ヘッジの有効性を確認しております。ただし、振当処理の要件を満たしている通貨スワップ並びに特例処理の要件を満たしている金利スワップについては、有効性の評価を省略しております。

(8)　連結キャッシュ・フロー計算書における資金の範囲 ………………………

　連結キャッシュ・フロー計算書における資金（現金及び現金同等物）は、手許現金、随時引き出し可能な預金及び容易に換金可能であり、かつ、価値の変動に

ついて僅少なリスクしか負わない取得日から3ヶ月以内に償還期限の到来する短期投資からなっております。

(9) 工事負担金等の会計処理 ･･･

　　当社は、鉄道事業における連続立体交差化工事等を行うにあたり、地方公共団体等より工事費の一部として工事負担金等を受けております。これらの工事負担金等は、工事完成時に当該工事負担金等相当額を取得した固定資産の取得原価から直接減額しております。

　　なお、連結損益計算書においては、工事負担金等受入額を特別利益に計上するとともに、固定資産の取得原価から直接減額した額を工事負担金等圧縮額として特別損失に計上しております。

(10) ファイナンス・リース取引に係る収益の計上基準 ･･････････････････

　　リース料金受取時に売上高と売上原価を計上する方法によっております。

（重要な会計上の見積り）

1．繰延税金資産の回収可能性 ･･･

(1) 当連結会計年度の連結財務諸表に計上した金額

（単位：百万円）

	前連結会計年度	当連結会計年度
西日本旅客鉄道㈱が計上した繰延税金資産（純額）	170,226	200,573
繰延税金負債と相殺前の金額	181,571	211,939

(2) 識別した項目に係る重要な会計上の見積りの内容に関する情報

　① 算出方法

　　　連結財務諸表における繰延税金資産の計上額のうち，当社の計上額が大きな割合を占めており，2023年3月31日現在の計上額は200,573百万円であります。繰延税金資産の計上に当たっては，合理的な仮定に基づく将来の事業計画に基づき将来の課税所得又は税務上の欠損金を見積もることとしております。

② 主要な仮定

将来の課税所得を見込むに当たって，新型コロナウイルス感染症の影響について一定の前提を基に織り込んでおります。当社の営業収益の大半を占める運輸収入について，当社としては，鉄道需要が2023年度に回復するとの仮定を置いております。

回復の程度については，2022年度の回復状況及び各種調査結果等から，新型コロナウイルス感染症が発生する前の9割程度まで回復するものと見込んでおります。

③ 翌連結会計年度の連結財務諸表に与える影響

以上が現時点で入手可能な情報に基づく経営者による最善の見積りの判断であると考えておりますが，鉄道需要の回復時期が見込みよりも遅れた場合等に翌連結会計年度の繰延税金資産の計上額が限定的となり業績に一定の影響を及ぼす可能性があります。

2. 固定資産の減損

(1) 当連結会計年度の連結財務諸表に計上した金額

(単位：百万円)

	前連結会計年度	当連結会計年度
連結子会社である㈱ジェイアール西日本ホテル開発が保有する対象固定資産の金額	26,442	14,673

(注)主要な固定資産は建物となります。

(2) 識別した項目に係る重要な会計上の見積りの内容に関する情報

① 算出方法

当社グループの主なホテルを運営している連結子会社の（株）ジェイアール西日本ホテル開発は，2023年3月31日現在，対象固定資産を14,673百万円計上しております。減損損失の計上にあたっては，減損の兆候の有無を判断した上で，合理的な仮定に基づく将来の事業計画に基づいた将来キャッシュ・フローが固定資産の帳簿価額を下回る場合に減損損失を計上することとしております。

当連結会計年度においては，新型コロナウイルス感染症の影響の収束により宿泊需要が回復し経営環境が改善しつつも，営業活動から生ずる損益が依

(point) 財務諸表

この項目では，連結ではなく単体の貸借対照表と，損益計算書の内訳を確認することができる。連結＝単体＋子会社なので，会社によっては単体の業績を調べて連結全体の業績予想のヒントにする場合があるが，あまりその必要性がある企業は多くない。

然としてマイナスとなっていることから，減損の兆候があると判断しておりますが，主要な固定資産の経済的残存使用年数における将来キャッシュ・フローが固定資産の帳簿価額を上回ることから，減損損失の計上は不要であると判断しております。

② 主要な仮定

　　将来キャッシュ・フローの見積りについては，中長期の事業計画に基づいて算出しております。当該事業計画においては，宿泊需要は，2023年度に回復するとの仮定を置いております。回復の程度については，2022年度の回復状況等から，2023年度には新型コロナウイルス感染症が発生する前と同程度まで回復すると見込んでおります。また，事業計画の最終年度（2027年度）以降は，最終年度と同水準で推移すると仮定しております。

③ 翌連結会計年度の連結財務諸表に与える影響

　　以上が現時点で入手可能な情報に基づく経営者による最善の見積りの判断であると考えておりますが，新型コロナウイルス感染症の影響の収束が予想よりも遅れた場合等に将来キャッシュ・フローが当連結会計年度の見積りを下回り，減損損失を計上する可能性があります。

（会計方針の変更等）

（時価の算定に関する会計基準の適用指針の適用）

　「時価の算定に関する会計基準の適用指針」（企業会計基準適用指針第31号2021年6月17日。以下「時価算定会計基準適用指針」という。）を当連結会計年度の期首から適用し，時価算定会計基準適用指針第27-2項に定める経過的な取扱いに従って，時価算定会計基準適用指針が定める新たな会計方針を将来にわたって適用することといたしました。

　これによる連結財務諸表への影響はありません。

（未適用の会計基準等）

・「法人税，住民税及び事業税等に関する会計基準」（企業会計基準第27号
　2022年10月28日　企業会計基準委員会）

・「包括利益の表示に関する会計基準」（企業会計基準第25号　2022年10月

28日　企業会計基準委員会）

・「税効果会計に係る会計基準の適用指針」（企業会計基準適用指針第28号　2022年10月28日　企業会計基準委員会）

(1) 概要

　2018年2月に企業会計基準第28号「『税効果会計に係る会計基準』の一部改正」等（以下「企業会計基準第28号等」）が公表され，日本公認会計士協会における税効果会計に関する実務指針の企業会計基準委員会への移管が完了されましたが，その審議の過程で，次の2つの論点について，企業会計基準第28号等の公表後に改めて検討を行うこととされていたものが，審議され，公表されたものであります。

・税金費用の計上区分（その他の包括利益に対する課税）

・グループ法人税制が適用される場合の子会社株式等（子会社株式又は関連会社株式）の売却に係る税効果

(2) 適用予定日

　2025年3月期の期首から適用します。

(3) 当該会計基準等の適用による影響

　「法人税，住民税及び事業税等に関する会計基準」等の適用による連結財務諸表に与える影響額については，現時点で未定であります。

（表示方法の変更）

（連結損益計算書関係）

1. 前連結会計年度において，「営業外収益」の「その他」に含めて表示しておりました「貸倒引当金戻入額」は，営業外収益の総額の100分の10を超えたため，当連結会計年度より独立掲記しております。この表示方法の変更を反映させるため，前連結会計年度の連結損益計算書において，「営業外収益」の「その他」に表示しておりました173百万円は，「営業外収益」の「貸倒引当金戻入額」に組み替えております。

2. 前連結会計年度において，独立掲記しておりました「特別利益」の「雇用調整助成金」は，金額的重要性が乏しくなったため，当連結会計年度より「特別利益」

の「その他」に含めて表示することといたしました。この表示方法の変更を反映させるため，前連結会計年度の連結損益計算書において，「特別利益」の「雇用調整助成金」に表示しておりました135百万円は，「特別利益」の「その他」に組み替えております。

3. 前連結会計年度において，独立掲記しておりました「特別損失」の「新型コロナ関連損失」は，金額的重要性が乏しくなったため，当連結会計年度より「特別損失」の「その他」に含めて表示することといたしました。この表示方法の変更を反映させるため，前連結会計年度の連結損益計算書において，「特別損失」の「新型コロナ関連損失」に表示しておりました1,804百万円は，「特別損失」の「その他」に組み替えております。

4. 前連結会計年度において，独立掲記しておりました「特別損失」の「投資有価証券評価損」は，金額的重要性が乏しくなったため，当連結会計年度より「特別損失」の「その他」に含めて表示しております。この表示方法の変更を反映させるため，前連結会計年度の連結損益計算書において，「特別損失」の「投資有価証券評価損」に表示しておりました4,293百万円は，「特別損失」の「その他」に組み替えております。

（1） 財務諸表 ・・

① 貸借対照表

(単位：百万円)

	前事業年度 (2022年3月31日)	当事業年度 (2023年3月31日)
資産の部		
流動資産		
現金及び預金	303,908	278,234
未収運賃	31,444	41,167
未収金	41,635	52,525
未収収益	5,129	6,094
短期貸付金	42,322	53,277
貯蔵品	20,197	19,030
前払費用	3,210	2,855
その他の流動資産	36,373	36,742
貸倒引当金	△347	△271
流動資産合計	483,873	489,657
固定資産		
鉄道事業固定資産		
有形固定資産	5,059,901	5,149,172
減価償却累計額	△3,303,958	△3,380,002
有形固定資産（純額）	1,755,942	1,769,170
無形固定資産	19,568	26,846
計	※1,※3 1,775,511	※1,※3 1,796,016
関連事業固定資産		
有形固定資産	92,971	95,962
減価償却累計額	△27,844	△28,618
有形固定資産（純額）	65,127	67,344
無形固定資産	4	3
計	65,131	67,347
各事業関連固定資産		
有形固定資産	135,285	134,055
減価償却累計額	△69,197	△70,899
有形固定資産（純額）	66,087	63,155
無形固定資産	6,073	16,804
計	※1 72,161	※1 79,960
建設仮勘定		
鉄道事業	101,648	56,280
関連事業	3,976	1,906
各事業関連	14,905	7,011
計	120,530	65,198
投資その他の資産		
投資有価証券	24,425	27,049
関係会社株式	269,136	269,072
長期貸付金	12,771	13,027
関係会社長期貸付金	188,827	212,389
長期前払費用	10,621	12,397
繰延税金資産	170,226	200,573
その他の投資等	5,515	5,111
貸倒引当金	△9,340	△7,837
投資その他の資産合計	672,184	731,782
固定資産合計	2,705,519	2,740,306

	前事業年度 （2022年3月31日）	当事業年度 （2023年3月31日）
繰延資産		
株式交付費	1,140	668
繰延資産合計	1,140	668
資産合計	3,190,533	3,230,632

	前事業年度 （2022年3月31日）	当事業年度 （2023年3月31日）
負債の部		
流動負債		
短期借入金	※4 210,878	※4 245,169
1年内償還予定の社債	25,000	100,000
1年内返済予定の長期借入金	71,520	39,500
鉄道施設購入未払金	※3 1,167	※3 1,245
未払金	137,783	168,302
未払費用	15,390	20,956
未払消費税等	3,984	16,965
未払法人税等	1,717	3,236
預り連絡運賃	3,372	1,990
預り金	38,752	42,277
前受運賃	30,347	37,091
前受金	57,133	37,782
前受収益	569	501
賞与引当金	12,424	18,325
災害損失引当金	1,205	396
その他の流動負債	1,097	1,544
流動負債合計	612,346	735,287
固定負債		
社債	949,990	859,992
長期借入金	578,355	557,455
鉄道施設購入長期未払金	※3 98,681	※3 97,436
新幹線鉄道大規模改修引当金	※5 25,000	※5 29,166
退職給付引当金	206,065	190,914
環境安全対策引当金	5,880	3,414
線区整理損失引当金	16,627	15,794
資産除去債務	3,407	2,281
その他の固定負債	5,700	14,445
固定負債合計	1,889,708	1,770,901
負債合計	2,502,054	2,506,188

	前事業年度 （2022年3月31日）	当事業年度 （2023年3月31日）
純資産の部		
株主資本		
資本金	226,136	226,136
資本剰余金		
資本準備金	181,136	181,136
その他資本剰余金	–	0
資本剰余金合計	181,136	181,137
利益剰余金		
利益準備金	11,327	11,327
その他利益剰余金		
固定資産圧縮積立金	25,194	24,391
別途積立金	240,000	–
繰越利益剰余金	7,101	282,950
利益剰余金合計	283,622	318,669
自己株式	△4	△900
株主資本合計	690,891	725,043
評価・換算差額等		
その他有価証券評価差額金	△2,412	△600
評価・換算差額等合計	△2,412	△600
純資産合計	688,478	724,443
負債純資産合計	3,190,533	3,230,632

（point）**着実に進む人件費圧縮**

　JR各社とも国鉄解体時に余剰人員を受け入れたことによって，大きな人件費負担を負った。特にJR東日本とJR西日本については，人件費が費用全体に占める割合が大きかった。その後，定年退職者数や早期退職者数の増加によって，費用負担は年々減少している。

② 損益計算書

(単位：百万円)

	前事業年度 (自 2021年4月1日 至 2022年3月31日)	当事業年度 (自 2022年4月1日 至 2023年3月31日)
鉄道事業営業利益		
営業収益		
旅客運輸収入	487,691	694,543
鉄道線路使用料収入	4,660	4,578
運輸雑収	58,988	65,102
鉄道事業営業収益合計	551,340	764,223
営業費		
運送営業費	※1 504,180	※1 546,203
一般管理費	29,946	34,928
諸税	31,710	33,946
減価償却費	125,998	123,053
鉄道事業営業費合計	691,836	738,132
鉄道事業営業利益又は鉄道事業営業損失（△）	△140,496	26,091
関連事業営業利益		
営業収益		
不動産賃貸事業収入	18,643	18,063
商品等売上高	11	19
雑収入	7,632	8,972
関連事業営業収益合計	26,287	27,055
営業費		
売上原価	102	92
販売費及び一般管理費	8,053	9,474
諸税	3,422	3,472
減価償却費	1,229	1,146
関連事業営業費合計	12,809	14,185
関連事業営業利益	13,478	12,869
全事業営業利益又は全事業営業損失（△）	△127,017	38,960
営業外収益		
受取利息	523	789
受取配当金	1,877	1,577
保険配当金	1,442	1,546
受託工事事務費戻入	1,762	1,646
貸倒引当金戻入額	117	1,679
雇用調整助成金	5,299	918
雑収入	2,339	3,114
営業外収益合計	13,362	11,272
営業外費用		
支払利息	11,346	11,224
社債利息	9,866	9,501
社債発行費	546	32
雑支出	2,875	1,982
営業外費用合計	24,634	22,740
経常利益又は経常損失（△）	△138,290	27,492

	前事業年度 （自 2021年4月1日 至 2022年3月31日）	当事業年度 （自 2022年4月1日 至 2023年3月31日）
特別利益		
固定資産売却益	※2 32,834	※2 8,743
工事負担金等受入額	※3 19,678	※3 65,983
収用補償金	1,159	1,379
その他	490	467
特別利益合計	54,163	76,573
特別損失		
工事負担金等圧縮額	※4 18,736	※4 64,216
収用等圧縮損	1,159	1,379
線区整理損失引当金繰入額	8,638	－
その他	14,585	9,799
特別損失合計	43,119	75,395
税引前当期純利益又は税引前当期純損失（△）	△127,246	28,671
法人税、住民税及び事業税	172	291
法人税等調整額	△5,813	△31,058
法人税等合計	△5,641	△30,766
当期純利益又は当期純損失（△）	△121,605	59,437

西日本旅客鉄道の会社概況　121

営業費明細表

区分	注記番号	前事業年度 (自 2021年4月1日 至 2022年3月31日) 金額			当事業年度 (自 2022年4月1日 至 2023年3月31日) 金額		
		百万円	百万円	百万円	百万円	百万円	百万円
I 鉄道事業営業費							
1. 運送営業費	※1						
(1) 人件費		168,163			172,330		
(2) 経費		336,016			373,872		
計			504,180			546,203	
2. 一般管理費							
(1) 人件費		11,563			13,373		
(2) 経費		18,383			21,554		
計			29,946			34,928	
3. 諸税			31,710			33,946	
4. 減価償却費			125,998			123,053	
鉄道事業営業費合計				691,836			738,132
II 関連事業営業費							
1. 商品等売上原価			102			92	
2. 販売費及び一般管理費	※2						
(1) 人件費		1,046			956		
(2) 経費		7,006			8,518		
計			8,053			9,474	
3. 諸税			3,422			3,472	
4. 減価償却費			1,229			1,146	
関連事業営業費合計				12,809			14,185
全事業営業費合計				704,645			752,318

(注) 事業別営業費合計の百分の五を超える主な
費用並びに営業費(全事業)に含まれている
引当金繰入額は、次のとおりであります。
(単位：百万円)

※1 鉄道事業営業費	運送営業費	
	給与	117,323
	修繕費	132,966
	動力費	40,810
	委託費	58,166
※2 関連事業営業費	販売費及び一般管理費	
	賃借料	953
	委託費	4,542

(注) 事業別営業費合計の百分の五を超える主な
費用並びに営業費(全事業)に含まれている
引当金繰入額は、次のとおりであります。
(単位：百万円)

※1 鉄道事業営業費	運送営業費	
	給与	120,117
	修繕費	135,381
	動力費	59,610
	委託費	63,680
※2 関連事業営業費	販売費及び一般管理費	
	修繕費	1,057
	賃借料	973
	委託費	4,869

3　営業費(全事業)に含まれている引当金繰入額
　　賞与引当金繰入額　　　　　　　　　　12,066
　　新幹線鉄道大規模改修引当金繰入額　　4,166
　　退職給付引当金繰入額　　　　　　　10,035
　　貸倒引当金繰入額　　　　　　　　　　　　2

3　営業費(全事業)に含まれている引当金繰入額
　　賞与引当金繰入額　　　　　　　　　　17,734
　　新幹線鉄道大規模改修引当金繰入額　　4,166
　　退職給付引当金繰入額　　　　　　　10,248
　　貸倒引当金繰入額　　　　　　　　　　　　2

③ 株主資本等変動計算書

前事業年度（自　2021年4月1日　至　2020年3月31日）

(単位：百万円)

	株主資本						
	資本金	資本剰余金			利益剰余金		
		資本準備金	その他資本剰余金	資本剰余金合計	利益準備金	その他利益剰余金	
						固定資産圧縮積立金	別途積立金
当期首残高	100,000	55,000	–	55,000	11,327	25,262	480,000
当期変動額							
新株の発行	126,136	126,136		126,136			
剰余金の配当							
当期純利益又は当期純損失（△）							
固定資産圧縮積立金の積立						949	
固定資産圧縮積立金の取崩						△1,017	
別途積立金の取崩							△240,000
自己株式の取得							
自己株式の処分			–	–			
株主資本以外の項目の当期変動額（純額）							
当期変動額合計	126,136	126,136	–	126,136	–	△67	△240,000
当期末残高	226,136	181,136	–	181,136	11,327	25,194	240,000

	株主資本				評価・換算差額等	純資産合計
	利益剰余金		自己株式	株主資本合計	その他有価証券評価差額金	
	その他利益剰余金	利益剰余金合計				
	繰越利益剰余金					
当期首残高	△89,594	426,994	△4	581,990	△1,784	580,205
当期変動額						
新株の発行				252,273		252,273
剰余金の配当	△21,766	△21,766		△21,766		△21,766
当期純利益又は当期純損失（△）	△121,605	△121,605		△121,605		△121,605
固定資産圧縮積立金の積立	△949	–	–	–		–
固定資産圧縮積立金の取崩	1,017	–	–	–		–
別途積立金の取崩	240,000	–	–	–		–
自己株式の取得			△0	△0		△0
自己株式の処分		–	–	–		–
株主資本以外の項目の当期変動額（純額）					△628	△628
当期変動額合計	96,695	△143,371	△0	108,900	△628	108,272
当期末残高	7,101	283,622	△4	690,891	△2,412	688,478

当事業年度（自　2022年4月1日　至　2023年3月31日）

（単位：百万円）

	株主資本						
	資本金	資本剰余金			利益剰余金		
		資本準備金	その他資本剰余金	資本剰余金合計	利益準備金	その他利益剰余金	
						固定資産圧縮積立金	別途積立金
当期首残高	226,136	181,136	–	181,136	11,327	25,194	240,000
当期変動額							
新株の発行	–	–					
剰余金の配当							
当期純利益又は当期純損失（△）							
固定資産圧縮積立金の積立							
固定資産圧縮積立金の取崩						△802	
別途積立金の取崩							△240,000
自己株式の取得							
自己株式の処分			0	0			
株主資本以外の項目の当期変動額（純額）							
当期変動額合計	–	–	0	0	–	△802	△240,000
当期末残高	226,136	181,136	0	181,137	11,327	24,391	–

	株主資本				評価・換算差額等	純資産合計
	利益剰余金		自己株式	株主資本合計	その他有価証券評価差額金	
	その他利益剰余金	利益剰余金合計				
	繰越利益剰余金					
当期首残高	7,101	283,622	△4	690,891	△2,412	688,478
当期変動額						
新株の発行				–		–
剰余金の配当	△24,390	△24,390		△24,390		△24,390
当期純利益又は当期純損失（△）	59,437	59,437		59,437		59,437
固定資産圧縮積立金の積立	–	–		–		–
固定資産圧縮積立金の取崩	802	–		–		–
別途積立金の取崩	240,000	–		–		–
自己株式の取得			△963	△963		△963
自己株式の処分			68	69		69
株主資本以外の項目の当期変動額（純額）					1,812	1,812
当期変動額合計	275,849	35,047	△895	34,152	1,812	35,965
当期末残高	282,950	318,669	△900	725,043	△600	724,443

【注記事項】

（重要な会計方針）

1. 有価証券の評価基準及び評価方法 ･････････････････････････････････････

（1） 子会社株式及び関連会社株式 ･･････････････････････････････････････

移動平均法による原価法によっております。

（2） その他有価証券 ･･

① 市場価格のない株式等以外のもの

時価法（評価差額は全部純資産直入法により処理し、売却原価は移動平均法
により算定）によっております

② 市場価格のない株式等

移動平均法による原価法によっております。

2. 棚卸資産の評価基準及び評価方法 ･･･････････････････････････････････････

貯蔵品

移動平均法による原価法（貸借対照表価額は収益性の低下に基づく簿価切り下
げの方法により算定）によっております。

3. 固定資産の減価償却の方法 ･･･

（1） 鉄道事業取替資産 ･･

取替法によっております。

（2） その他の有形固定資産（リース資産を除く）････････････････････････････

主として定率法によっております。

（3） 無形固定資産（リース資産を除く）････････････････････････････････････

定額法によっております。

なお、自社利用のソフトウェアについては、社内における利用可能期間（5年）
に基づく定額法によっております。

(4) リース資産 ・・・

　　所有権移転外ファイナンス・リース取引に係るリース資産

　　リース期間を耐用年数とし、残存価額を零とする定額法によっております。

(5) 長期前払費用 ・・

　　均等額償却を行っております。

4. 繰延資産の処理方法 ・・・

(1) 社債発行費 ・・・

　　支出時に全額費用処理しております。

(2) 株式交付費 ・・・

　　３年間にわたり均等償却しております。

5. 引当金の計上基準 ・・・

(1) 貸倒引当金 ・・・

　　債権の貸倒損失に備えるため、一般債権については貸倒実績率により、貸倒懸念債権等特定の債権については個別に回収可能性を検討し、回収不能見込額を計上しております。

(2) 賞与引当金 ・・・

　　従業員賞与の支給に備えるため、支給見込額を計上しております。

(3) 災害損失引当金 ・・・

　　「平成30年７月豪雨」による被害に対する今後の復旧に要する費用の支出に備えるため、その見積り額を計上しております。

(4) 新幹線鉄道大規模改修引当金 ・・

　　全国新幹線鉄道整備法第17条第１項の規定に基づき計上しております

(5) 退職給付引当金 ·····

　従業員の退職給付に備えるため、当事業年度末における退職給付債務の見込額に基づき計上しております。

　退職給付債務の算定にあたり、退職給付見込額を当事業年度末までの期間に帰属させる方法については、給付算定式基準によっております。

　過去勤務費用については、発生年度に全額を一括して処理しております。

　数理計算上の差異については、その発生時における従業員の平均残存勤務期間以内の一定の年数（10年）による定額法により按分した額をそれぞれ発生の翌事業年度から費用処理しております。

(6) 環境安全対策引当金 ·····

　保管するPCB廃棄物等の処理費用の支出に備えるため、当事業年度末における処理費用の見積り額を計上しております。

(7) 線区整理損失引当金 ·····

　廃止した三江線（江津〜三次駅間）の橋梁の撤去等の支出に備えるため、その見積り額を計上しております。

6. 収益及び費用の計上基準 ·····

　当社は、主として以下の5ステップアプローチに基づき、顧客への財又はサービスの移転との交換により、その権利を得ると見込む対価を反映した金額で収益を認識しております。

　ステップ1：顧客との契約を識別する

　ステップ2：契約における履行義務を識別する

　ステップ3：取引価格を算定する

　ステップ4：取引価格を契約における別個の履行義務へ配分する

　ステップ5：履行義務を充足した時点で（又は充足するにつれて）収益を識別する

　各事業における収益の計上基準は次のとおりです。

<u>運輸業</u>

　運輸業は、主に鉄道による旅客輸送サービスを提供しており、運送約款に基

づいて顧客に対し旅客輸送サービスを提供する義務を負っております。当該履行義務は、旅客輸送サービスが完了した時点又は一定の期間にわたり充足されると判断し収益を認識しております。

その他の事業

その他の事業は、主に自社の管理する不動産の貸付や、その他クレジットカード事業等を行っております。不動産の貸付による収益は、「リース取引に関する会計基準」（企業会計基準第13号　2007年3月30日）に従い、その発生期間に賃貸収益を認識しております。その他の収益は主に、サービスの提供に伴い一定期間にわたって認識しております。

ポイントプログラム

当社は会員向けのポイントプログラムを運営しており、旅客輸送サービス等の利用に応じて付与されるポイントは、将来当社及び提携他者によるサービスを受けるために利用することができます。付与したポイント分を履行義務として認識し、契約負債に計上しております。取引価格は、必要に応じてサービスの利用割合や失効見込分を考慮した上で、独立販売価格の比率に基づいて各履行義務に配分しております。ポイントプログラムの履行義務に配分された取引価格は「契約負債」として繰延べ、ポイントの利用に伴い収益を認識しております。

7．ヘッジ会計の方法 ･･

（1）　ヘッジ会計の方法 ･･

原則として繰延ヘッジ処理によっております。なお、振当処理の要件を満たしている通貨スワップについては振当処理に、特例処理の要件を満たしている金利スワップについては特例処理によっております。

（2）　ヘッジ手段とヘッジ対象 ･･

・ヘッジ手段…通貨スワップ取引

　ヘッジ対象…外貨建金銭債務

・ヘッジ手段…金利スワップ取引

　ヘッジ対象…資金調達に伴う金利取引

(3) ヘッジ方針

デリバティブ取引に関する各社の規程に基づき、ヘッジ対象に係る為替変動リスク及び金利変動リスクを一定の範囲内でヘッジしております。

(4) ヘッジ有効性評価の方法

ヘッジ手段とヘッジ対象の対応関係について、決算日毎に確認することにより、ヘッジの有効性を確認しております。ただし、振当処理の要件を満たしている通貨スワップ並びに特例処理の要件を満たしている金利スワップについては、有効性の評価を省略しております。

8. 工事負担金等の会計処理

鉄道事業における連続立体交差化工事等を行うにあたり、地方公共団体等より工事費の一部として工事負担金等を受けております。これらの工事負担金等は、工事完成時に当該工事負担金等相当額を取得した固定資産の取得原価から直接減額しております。

なお、損益計算書においては、工事負担金等受入額を特別利益に計上するとともに、固定資産の取得原価から直接減額した額を工事負担金等圧縮額として特別損失に計上しております。

9. ファイナンス・リース取引に係る収益の計上基準

リース料金受取時に売上高と売上原価を計上する方法によっております。

10. その他財務諸表作成のための重要な事項

(1) 退職給付に係る会計処理

退職給付に係る未認識数理計算上の差異の会計処理の方法は、連結財務諸表におけるこれらの会計処理の方法と異なっております。

第2章

運輸業界の"今"を知ろう

企業の募集情報は手に入れた。しかし，それだけでは
まだ不十分。企業単位ではなく，業界全体を俯瞰する
視点は，面接などでもよく問われる重要ポイントだ。
この章では直近1年間の運輸業界を象徴する重大
ニュースをまとめるとともに，今後の展望について言
及している。また，章末には運輸業界における有名企
業（一部抜粋）のリストも記載してあるので，今後の就
職活動の参考にしてほしい。

▶▶はこぶ。みんなの夢のせて

運輸 業界の動向

運輸とは，ヒトやモノを運ぶことに関する業種である。運ぶ手段には，鉄道・飛行機・船・自動車などがあり，ヒトを運ぶ業種は「旅客」，モノを運ぶ業種は「貨物」と分類される。

❖ 鉄道 (JR) の業界動向

1987年に旧国鉄が民営化され，北海道，東日本，東海，西日本，四国，九州，貨物のJR各社が発足して30年以上が経過した。JRでは，中長距離の輸送が主軸のひとつとなっており，それを支えているのが「新幹線」である。運輸収入において，新幹線が主体のJR東海で依存度が高いのはもちろんだが，JR西日本では新幹線収入が在来線を上回り，JR九州においてもその割合は3分の1を超え，経営の安定に大きく寄与している。2016年に開業した北海道新幹線は，2030年度には新函館北斗〜札幌まで延びる予定で，JR北海道の増収が期待される。北陸新幹線もJR西日本によって2023年度末に金沢−敦賀間の開業が予定されている。また新たに2022年9月に西九州新幹線が開通。現在は長崎駅から武雄温泉駅が結ばれている。

また，JR東海による最高時速500kmの"次世代特急"リニア中央新幹線の建設も始まっている。2045年に大阪までの全面開業を予定しており，JR東海は新幹線との2本柱経営を目指している。

●観光列車の導入が活発化

JR九州が2013年10月に運行を開始した豪華寝台特急列車「ななつ星in九州」以降，JR各社での観光列車の運行が増えている。2017年5月にはJR東日本が「トランスイート四季島」の運行を開始。同年6月にもJR西日本で「トワイライトエクスプレス瑞風」の運行が始まり，豪華寝台列車ブームは，シニア層や海外の富裕層など新たな顧客を獲得している。

また，豪華寝台列車以外にも，「リゾートしらかみ」（JR東日本），「花嫁

のれん」（JR西日本），「四国まんなか千年ものがたり」（JR四国），「ゆふい
んの森」，「或る列車」（JR九州）といったユニークな観光列車がJR各社で
運行されている。車両デザインの注目度はもちろん，地域のPR効果も高く，
地域活性化にも大きく寄与している。

●各社，非鉄道事業の拡大を目指す

　少子高齢化や新型コロナ禍を受けて，各社とも駅を中心とした不動産や
流通サービスなどの非鉄道事業拡大に力を入れている。首都圏という大き
な市場を地盤とするJR東日本では，多数のオフィスビルやルミネ系の商業
施設を運営する不動産事業も積極的に展開。高輪ゲートウェイ駅周辺の巨
大プロジェクトに注目が集まっている。

　JR西日本は，近畿圏の成長の頭打ちを見越して，不動産賃貸，ホテル，
流通などの事業拡充に動き出している。非鉄道事業の売上が約6割を占める
JR九州も，駅ビル，マンション分譲，ホテル経営などを展開し，外食事業
は広くエリア外へも展開している。JR四国は，不動産などの成長機会が乏
しいなか，宿泊特化型ホテルの開業，マンション分譲，駅を中心とした高
齢者向けサービスの提供などに取り組んでいる。

　本業の鉄道の方では，料金改定の動きが目立った。JR西日本は運賃を10
〜40円引き上げ，JR東海などは新幹線の指定特急料金に「再繁忙期」を設け，
閑散期と600円の差をつけた。また，首都圏の通勤向けではJR東日本がピー
ク時間帯以外に利用を限定した割安な「オフピーク定期券」をスタートさせ
た。

❖ 鉄道（民鉄）の業界動向

　日本民営鉄道協会（民鉄協）の発表では，2021年度の大手私鉄16社の輸
送人員は87億4800万と，前年比比で11%増加した。新型コロナ禍前の19
年度比では83%の水準となっている。新型コロナ禍がひと段落し，旅客需
要は新幹線を中心に回復が進む一方で，テレワークの普及により通勤利用
の完全回復は困難と見なされている。

　この10年あまりで，鉄道各社の相互乗り入は飛躍的に進んだ。2013年3
月には，東急，東京メトロ，西武，東武，横浜高速鉄道の5社7線が直通
運転を開始した。また，2016年3月には，東京メトロを介してJR東日本常

磐線と小田急との相互乗り入れが開始された。これにより，乗車時間の短縮や乗り換えの解消など，利便性が向上しただけでなく，乗降駅の活性化や新たなネットワークの誕生にもつながっている。また，2019年11月にはJR東日本と相鉄ホールディングスの相互直通が実現した。乗り入れで13路線が使えるようになり，タワーマンションの建設ラッシュで注目を集めた武蔵小杉や，西武鉄道が販売している食事とお土産券がついた「西武横濱中華街グルメきっぷ」などが，その好例である。

●インバウンド需要が回復傾向に

2016年は約2870万人，2017年は約3119万人，そして2019年は3188万人と年々増加していた訪日外客数。このインバウンド（外国人観光客）需要に対応するため，鉄道各社ではホームの拡張工事，転落防止ためのホームドアの設置など，ハード面の改良を進めていた。またその一方で，2014年，東京の地下鉄143駅に無料Wi-Fiが設置されたほか，東京メトロでは乗換検索アプリ「Tokyo Subway Navigation for Tourists」を配信。西武では，ビデオ通話を活用した外国人スタッフによる通訳サービスの拡充。京浜急行では，羽田空港国際線駅で外貨をPASMOやSUICAといった交通系電子マネーに交換するサービスを開始するなど，ソフト面での新たな取り組みも始まっていた。これらは2020年夏開催の東京オリンピックで大いに効果を発揮する予定だったが，残念ながらその機会は訪れなかった。

しかし，新型コロナ禍からすでに数年が経ち，インバウンド需要は復調。2023年の訪日外客数は2500万人近くになると見込まれ，コロナ前の水準に戻りつつあることは明るい知らせだ。

●ホテル，マンション，小売業など非鉄道事業の拡充

鉄道会社の中でもとくに私鉄大手は，JR各社に比べ，非鉄道部門の売上げの比率が高く，マンション分譲や沿線の宅地開発などの不動産業，ホテルや遊園地などのレジャー業，百貨店や沿線のスーパーといった小売業など，非鉄道事業の部門を多角的に経営することで成長してきており，この傾向は今後も続いていく。

❖ 空輸の業界動向

　空輸会社は，幅広い路線網と充実した機内サービスを行うフルサービス
キャリア（FSC）と，運賃を抑えた格安航空会社ローコストキャリア（LCC）
に分かれる。日本では，FSCの日本航空（JAL）と全日本空輸（ANA）の大
手2社が業界を主導してきたが，近年，国内外で多くのLCCがめざましい
成長を遂げ，大手FSCを追い立てる状況となっている。

　格安航空会社のLCCは，機体の種類を絞ったり，短・中距離を中心に機
体の使用頻度を上げて運行したり，機内サービスを有料にするなど，徹底
したコスト削減によって低価格を実現し，躍進を続けている。日本初の
LCCは，2012年2月にANAの出資で設立，3月より就航したピーチ・アビエー
ションである。同年には，JALと豪のカンタスグループ，三菱商事が共同
出資したジェットスター・ジャパン，ANAとマレーシアのエアアジアが共
同出資したエアアジア・ジャパンと，続けて3社のLCCが誕生した。しか
しその後，エアアジア・ジャパンは2020年に経営破綻した。また，2016年
5月には，バニラ・エア（2019年3月脱退）を含むアジア8社（現在，5社）が，
世界初の広域のLCC連合「バリューアライアンス」を発足させ，ネットワー
クとマーケットの拡充を目指している。

●新型コロナウイルスによる大打撃から回復

　ウイルスの感染拡大を防ぐために世界各国の間で渡航が制限され，国際
線は壊滅的な打撃を受けてから数年。旅客需要は回復傾向を見せている。
国際航空運送協会（IATA）によると，2023年の旅客需要はコロナ禍前の
96％まで回復すると予想されている。先行して回復していた欧米に続き，
アジア太平洋地域改善されたことが大きい。日本の2強，ANAホールディ
ングスと日本航空も，2022年度に19年度以来の営業黒字転換を果たした。
いずれもインバウンド客の副長が大きかったことに加え，貨物輸送の下支え
が大きかったとみられる。

　JALは2010年の経営破綻後，国内外の不採算路線の廃止，大規模なリス
トラ，子会社の売却などで経営を立て直し，2012年には再上場を果たした。
LCCについては，2011年に，豪カンタス航空グループとジェットスター・ジャ
パンを設立していたが，2018年7月に，中長距離LCCの準備会社ティー・ビー・
エルを設立し，中型機による飛行時間8時間以上の路線へ参入を予定して

いる。JALの経営破綻後，旅客数や収入でJALを逆転し，日本の航空会社のトップとなったANAも，2017年4月には，LCCのピーチ・アビエーションを完全子会社化。LCCの主力市場アジアでの競争力強化のため，2018年，傘下のLCCであるピーチ・アビエーションとバニラ・エアの統合を発表し，従来の短距離だけでなく，中型機による飛行時間6〜8時間の中距離路線に参入した。

　旅客が戻ってくる一方で，各社は深刻な人手不足問題を抱えている。グラウンドハンドリングスタッフは，コロナ前と比べて1〜2割減少している。安全航空のためにも，早急な対応が求められている。

運輸業界

直近の業界各社の関連ニュースを
ななめ読みしておこう。

置き配や鉄道輸送、運転手14万人不足補う　政府対策

政府は6日、トラック運転手の不足が懸念される「2024年問題」に備え、緊急対策をまとめた。荷主や消費者の意識改革など、一連の施策により24年度に見込まれる14万人の運転手不足を解消できるとみる。トラック事業者は中小企業が多く、対策が浸透するかは課題も多い。

政府は6日に関係閣僚会議を開き「物流革新緊急パッケージ」を決めた。①物流の効率化②荷主・消費者の行動変容③商慣行の見直し――を3本柱に据えた。10月中にまとめる経済対策にも反映し財政面で支援する。

長時間労働を解消するため、24年4月からトラック運転手の時間外労働は年960時間の上限が設けられる。人手不足が続く物流業界はこの措置により運転手14万人分に相当する輸送量が足りなくなるとみられている。

政府の試算によると①荷待ち・荷物の積み下ろし時間の削減で4万5000人分②荷物の積載率向上で6万3000人分③モーダルシフトで5000人分④再配達削減で3万人分――を補填できる。合計14万3000人分になるという。

輸送手段をトラックからフェリーなどに切り替える「モーダルシフト」では、鉄道や船舶の輸送量を今後10年で倍増させる目標を掲げた。船舶は20年度時点の5000万トンから1億トンに、鉄道の貨物輸送は3600万トンに引き上げる。これに対し日本物流団体連合会の真貝康一会長（JR貨物会長）は6日に「実現には要員や設備の確保など様々な課題がある」とのコメントを出した。「目標の実現には官民一体となって取り組んでいく必要があると考えている」と指摘した。

対策では物流業者に依頼する荷主の責任も明確にする。物流負担の軽減に向けた中長期計画の策定や、進捗管理に責任を持つ「物流経営責任者」の選任を義務付ける。24年の通常国会での法制化を目指す。

味の素は物流担当部長が新たに必要な物流経営責任者を兼務する方針だ。既に500キロメートル超の長距離輸送では9割を船舶や鉄道にしている。運転手不

足などを受けて15年時点の74%から切り替えを進めてきた。

ただ、日本の物流業界はトラック事業者の99%を中小企業が占める。政府の対策が想定通りの効果をうむかは見通せない部分がある。

対策には運転手らの代わりに荷物の積み下ろしができる自動フォークリフトや、無人で物流施設内を走行できる無人搬送車（AGV）の導入促進を盛り込んだ。こうした取り組みはまだ一部にとどまり、共同配送のシステムづくりなどで国交省や業界団体の支援が欠かせない。

政府は対策に配送時の「置き配」やコンビニ受け取りなどを指定した消費者にポイント還元する仕組みが普及するようにシステム導入の実証実験を進めると記した。

（2022年11月3日　日本経済新聞）

鉄道大手、今期営業益29%増　旅客回復も定期は戻らず

鉄道大手17社の2024年3月期の連結業績見通しが15日出そろった。本業のもうけを示す営業利益は、17社合計で前期比29%増の1兆3155億円を見込む。新型コロナウイルスの感染症法上の分類が「5類」に移行したことや訪日客の増加に伴い、鉄道やホテルの利用が伸びる。動力費などのコスト増が重荷となり、利益水準はコロナ前の5〜6割台にとどまる会社が多い。通勤定期も伸び悩んでおり、本格回復はなお道半ばだ。

JR東日本や東急など24年3月期通期の収入計画を開示している主要12社合計の運輸収入は、15%増の2兆6279億円を見込む。前期はコロナ前の19年3月期比で8割弱の水準だったが、今期は9割まで回復する。15日に決算発表した阪急阪神ホールディングス（HD）は、阪急電鉄と阪神電気鉄道を合計した24年3月期の運輸収入を12%増の1285億円と計画する。

けん引役となるのが、定期外収入の増加だ。コロナの5類移行などを背景に、新幹線などの定期外利用が伸びる。JR東の渡利千春常務は「（前期末から）訪日客を含めて鉄道利用が急回復している」と説明。同社は23年12月時点で新幹線がコロナ前の約9割、在来線はコロナ前と同水準まで戻るとみる。

足元の訪日需要の高まりを受け、私鉄各社ではホテル事業の回復も利益を押し上げる。西武HDは国内ホテルの客室稼働率が16ポイント上昇し、69%になると想定する。1室あたりの収益力を示すRevPAR（ホテルの売上高を販売可能な部屋数で割った数値）は49%増の1万3079円と、1万2000円前後だっ

たコロナ前を上回る額だ。

今後も鉄道やホテル部門の業績回復は当面続くとみられる。阪急阪神が15日発表した24年3月期の部門別利益見通しでは、鉄道など都市交通事業が前期比40％増の313億円になる。旅客需要の回復に伴い、ホテルを含む不動産事業も399億円と同43％伸びる。

ただ、17社平均の営業利益は依然としてコロナ前の6割水準にとどまる。

厳しいのが定期券の回復の遅れだ。12社合計で今期の定期外収入はコロナ前比96％まで戻るのに対し、定期収入は同83％の水準。テレワークなど出社を前提としない働き方が定着し、「コロナ禍が落ち着く今後も大きく回復するとは見込めない」（京王電鉄）。JR東海の今期営業利益（4300億円）もコロナ前比6割にとどまる。修繕費の増加に加え、東海道新幹線の出張利用がコロナ前に戻らない。

電気代などの動力費の高騰も重荷となっている。JR東の前期の動力費は前の期比49％増の913億円と、コロナ前に比べて4割ほど多い。今期も1090億円に膨らむ見通しだ。JPモルガン証券の姫野良太シニアアナリストは「コロナ禍で各社が先送りにしてきた修繕費も今後かさんでくる」と指摘する。

鉄道各社は今春に初乗り運賃を10円程度引き上げ、収益ベースでは50億〜230億円前後の増収効果を見込む。ただ、値上げによる増収分はホームドアなど駅構内のバリアフリー投資に使途が絞られる制度を利用している会社が多く、利益改善に寄与しにくい。

利益水準の底上げが難しい中、JR東は朝のラッシュ時以外が割引運賃になる「オフピーク定期券」を3月に発売した。朝の混雑緩和を促すことができれば、車両数や運行人員の縮小などコスト削減につながるとみており、JR西日本も導入を検討している。

世界航空42社の売上高、半数コロナ前超え　22年12月期

航空業界の事業環境が改善してきた。世界42社の2022年12月期決算を見ると、半数にあたる21社で売上高が新型コロナウイルス禍前の19年12月期を超えた。米国や中南米を中心に航空需要が回復し、人手不足などによる座席の需給逼迫もあって運賃が上昇している。一方で燃料費や人件費などのコストはかさみ、本業の損益が改善したのは13社にとどまった。

QUICK・ファクトセットで12月期決算の42社の売上高とEBIT（利払い・

税引き前損益）を集計・分析した。19年比で増収となった21社のうち、11社は米国の航空会社だ。デルタ航空、アメリカン航空、ユナイテッド航空の米大手3社は軒並み売上高を伸ばし、3社の合計では19年比6％増の1445億ドル（約19兆円）だった。

人手不足による欠航などが旅客数にマイナス影響となった。輸送量の指標で、旅客を運んだ距離の総和を示す「有償旅客マイル（RPM、便ごとの旅客数×飛行距離の総計）」は3社とも19年の水準を下回ったが、運賃の引き上げで補った。1人による1マイルの移動あたりの売上高を示す単価の指標「イールド」はデルタが16％、ユナイテッドは17％上昇した。

デルタは23年も前年比15〜20％の増収を見込む。エド・バスティアン最高経営責任者（CEO）は「供給面の制約が続く一方で旅客が戻り需要は強い状態が続いている」と話す。国内線の市場規模が大きい米国では需要の回復が早かった上に、大幅な欠航などで航空券が手に入りにくくなっていることも運賃の値上げを後押ししている。

米国以外では中南米や中東の回復ぶりが目立つ。コパ・ホールディングス（パナマ）やターキッシュ・エアラインズ（トルコ）が、19年比で増収となった。原油高やインフレでコストがかさみ、採算性はコロナ前から悪化している。増収の21社のうちEBITが改善したのは、コロナ下でも人員を維持して供給力を保つ戦略が奏功したターキッシュや、貨物事業を大幅に伸ばした大韓航空など6社にとどまる。米大手3社は軒並み営業減益だ。

19年比で減収となった航空会社は欧州や東南アジア勢で多い。欧州やアジア各国には米国のような巨大な国内線市場がない上に、中国の「ゼロコロナ」政策などの影響も大きかったためだ。

国際航空運送協会（IATA）によると、22年の有償旅客キロは北米の航空会社が19年比11％減だった一方、欧州は同22％減、アジア太平洋は56％減と落ち込みが大きい。個別企業では英ブリティッシュ・エアウェイズなどを傘下に抱えるインターナショナル・エアラインズ・グループ（IAG）や独ルフトハンザ、キャピタルA（旧エアアジア・グループ）などが減収となり、いずれもEBITも悪化した。

3月期決算の日本の航空大手は売上高、利益ともコロナ前には至っていない。ANAホールディングス（HD）は23年1〜2月の国際線の旅客数（ANAブランド）がコロナ前の5割前後にとどまる。航空機の削減などコストの抑制を進めてきたが、客数減をカバーできる利益体質への転換は道半ばだ。

仏蘭エールフランスKLMなどは減収下でもリストラで損益を改善させた。エー

ルフランスKLMは人員削減で人件費を1割減らすなどして営業黒字を確保した。ベンジャミン・スミスCEOは「強いコスト規律と構造改革の成果などが寄与した」と話す。

IATAのウィリー・ウォルシュ事務総長は「23年末までにほとんどの地域の航空需要はコロナ前と同じかそれ以上の水準になるだろう」と見ている。リストラは収益底上げに一定の効果があるが、需要が本格的に回復すれば人手不足が足かせになりかねない。需要回復に対し、供給体制の整備や運賃の引き上げをどのように進めるかが問われる局面だ。

（2023年3月31日　日本経済新聞）

首都圏鉄道7社、運賃一斉値上げ　初乗り10円程度

鉄道各社が相次ぎ運賃を引き上げる。18日にJR東日本や東京地下鉄（東京メトロ）など首都圏の大手7社が、初乗り運賃を10円程度値上げする。4月にはJR西日本なども実施し、年内に大手約20社が値上げする。各社とも新型コロナウイルス前の水準まで旅客需要が戻らぬ中、ホームドア整備などへの投資がかさんでいる。

18日に運賃を値上げする大手はJR東日本や東京メトロ、小田急電鉄、西武鉄道、東武鉄道、相模鉄道、東急電鉄の7社。JR東日本は山手線など首都圏の一部区間の運賃を、一律10円引き上げる。山手線内の通勤定期券（初乗り区間）は1カ月分で330円、3カ月分が940円、6カ月分は1680円の値上げとなる。通学定期は現行運賃を据え置く。

東京メトロや小田急、西武なども一律10円値上げする。東武の通学を除く定期券は1カ月分で600円、3カ月分で1710円、6カ月分では3240円をそれぞれ引き上げる。このほか東急は平均12.9％値上げする。東横線などの初乗り運賃はきっぷの場合は130円から140円に、交通系ICカードは126円から140円になる。

4月には関西の鉄道各社が値上げする。JR西日本は在来線運賃のほか、新幹線などの料金を引き上げる。近畿圏の在来線は運賃を10円値上げするほか、私鉄に対抗して安く設定している主要区間も10〜40円高くする。運賃とは別に、山陽新幹線では停車駅の少ない「みずほ」や「のぞみ」の指定席特急料金を最大420円高くする。

近畿日本鉄道は収益改善や安全投資などに向けた資金を捻出するため、全区間

の運賃を引き上げる。改定幅は平均17%に及び、初乗り運賃は20円増の180円となる。南海電気鉄道も10月に平均10%の運賃値上げを予定している。鉄道各社の値上げが相次ぐ背景は大きく2つある。1つはホームドアなどバリアフリー投資への対応だ。国土交通省などが「鉄道駅バリアフリー料金制度」を創設したことで、運賃に一定料金を上乗せし投資を賄えるようになった。通常の運賃改定は国の認可が必要だが、同制度は事前の届け出だけですむ。

18日に値上げする大手7社のうち6社が同制度を使う。JR東は2021年度末に92駅で導入したホームドアを、31年度末までに330駅へと増やす。バリアフリー整備費は35年度までに5900億円を想定。今回の値上げで年230億円を徴収し、全体の約5割をまかなう計画だ。東京メトロも25年度までに全線でホームドアを整備する。

値上げのもう一つの理由が旅客需要の減少だ。東急の鉄道運賃収入は22年4～12月期で898億円と、コロナ前の19年同期の約8割にとどまる。特に定期収入は355億円と約7割で戻りは鈍い。沿線に「テレワークしやすいIT（情報技術）企業が多い」（東急）ことが響いているとみる。近鉄や南海も足元の鉄道収入はコロナ前の約8割の水準が続く。

需要減は鉄道会社にとって共通の経営課題だ。JR東の鉄道営業収入はコロナ前の約2割減で推移し、深沢祐二社長は「通勤やビジネス出張の需要は今後も元の水準には戻らない」と語る。JR西も在宅勤務の定着などで、鉄道需要はコロナ前の9割までしか戻らないと想定する。

（2023年3月17日　日本経済新聞）

ANA純利益600億円に上振れ
23年3月期、JALは下方修正

ANAホールディングス（HD）は2日、2023年3月期の連結最終損益が600億円の黒字（前期は1436億円の赤字）になりそうだと発表した。従来予想から200億円上方修正した。水際対策の緩和で国際線の需要が回復し、燃料費などのコストが計画を下回る。日本航空（JAL）は国内線を中心にANAよりも強気に見ていた旅客需要の想定を引き下げ、業績予想を下方修正した。

ANAHDは連結売上高の見通しを前期比68%増の1兆7100億円、営業損益は950億円の黒字（同1731億円の赤字）とした。それぞれ100億円と300億円の上方修正だ。会社の想定と比べて22年10~12月期の売上高が100億

円上回り、営業費用が200億円下回ったことを反映させた。

中堀公博・グループ最高財務責任者（CFO）は「北米線とアジア路線の需要が想定を上回った」と話した。コスト面では燃油や為替の市況変動で約70億円、需要に応じた貨物専用便の減便などの費用削減で約130億円を抑制した。

一方、JALは通期の最終損益（国際会計基準）の予想を250億円の黒字（前期は1775億円の赤字）と、従来予想から200億円引き下げた。売上収益は1兆3580億円と従来予想を460億円下回る。うち260億円を国内線の旅客収入、110億円は貨物郵便収入の下振れが占める。

菊山英樹CFOは「ビジネス需要の戻りが想定ほど早くない」と話し、コロナ禍を受けたリモート会議の普及などが影響している可能性があるとの見方を示した。政府の観光振興策「全国旅行支援」が年明け以降に再開するとの発表が遅れたことも、観光需要の回復の遅れにつながったとみている。

JALはANAと比べて需要の水準を高めに想定していた。2日に1〜3月期の国内線の旅客数の想定はコロナ前の85%、国際線は54%に引き下げた。従来はそれぞれ95%と60%だった。ANAは22年10月末に国内線（ANAブランドのみ）がコロナ前比85%、国際線は同55%との想定を示していた。

両社とも業績は回復している。ANAHDの22年4〜12月期の最終損益は626億円の黒字（前年同期は1028億円の赤字）、JALは163億円の黒字（同1283億円の赤字）だった。ともに4〜12月期としては3年ぶりの黒字となった。JALは今期末の配当予想を20円（従来予想は未定）に修正し、20年3月期の中間配当以来の配当を見込む。ANAHDは無配予想としている。

（2023年2月2日　日本経済新聞）

航空連合、3年ぶりベア要求　月6000円以上で2%

全日本空輸（ANA）や日本航空（JAL）など航空会社の労働組合が加盟する航空連合は26日、2023年の春季労使交渉で、基本給を一律月額6000円以上引き上げるベースアップ（ベア）を求める方針を発表した。統一のベア要求は3年ぶり。ベア率は平均2%で、定期昇給（定昇）を含む全体の賃上げ率は同4%程度を目指す。

同日の記者会見で方針を示した。22年まで2年連続で統一の賃金改善要求を見送っていた。20年は月額3000円以上を求めており、今回は新型コロナウイルス禍前を上回る水準を要求した。一時金は加盟組合の状況をふまえたうえ

で、中期目標である月額賃金の５カ月台を目指す。

物価上昇の影響で家計負担はコロナ前に比べて重くなっている。コロナ対応の行動制限や水際対策緩和に伴って需要が戻り、各社の業績は回復基調にある。コロナ禍で人材流出が進み、人材の確保が課題となっていることをふまえた。

内藤晃会長は「23年の春闘は将来の成長に向けた『転換点』として極めて重要だ」と話した。「各社の業績は回復している一方、需要の急激な増加に対応する人材不足が顕在化している。人材確保や育成、定着が最重要課題となっている」と強調した。

航空連合は航空会社や関連企業などの58組合が加盟しており、約４万５千人の組合員を抱える。航空業界はコロナの影響で大きな打撃を受けており、待遇改善で人材の確保を目指す。

（2023年１月26日　日本経済新聞）

JR連合がベア１％要求へ、月3000円　コロナ前と同水準

JR東海などの労働組合で組織するJR連合は、2023年の春季労使交渉で賃金を一律に引き上げるベースアップ（ベア）の統一要求目安を月額3000円とする執行部案を固めた。ベア率は平均１％で、定期昇給（定昇）を含めた全体の賃上げ率は同３％程度を目指す。安定経営が強みとされてきた鉄道業界の環境は新型コロナウイルス禍で揺らいでおり、待遇改善を通じて優秀な人材の確保を目指す。

２月１日の中央委員会で正式決定される見通し。JR連合は貨物を含めたJR7社とグループ会社の計96組合が加盟し、約８万5000人の組合員を抱える。

JR連合は21年、22年は月額1000円のベアを求めてきたが、新型コロナ感染拡大前の要求水準に戻した。総務省によると、22年の東京都区部の物価上昇率は2.2％。物価上昇の影響で足元の家計負担はコロナ禍前に比べて重くなっている一方、JR各社の経営状況が完全に回復していないことを踏まえた。

２％相当の定昇の完全実施を優先課題と位置づけ、定昇制度がない組合では制度設立と併せ、定昇分として5000円の確保を求める。賃金をはじめとする労働条件の改善原資として月例賃金総額の３％相当を求める。

本州３社（JR東日本、JR西日本、JR東海）はコロナ禍の業績低迷を受け、２年連続でベアを見送っていた。JR東は23年３月期の連結最終損益が600億円の黒字（前期は949億円の赤字）と３期ぶりの黒字転換を見込む。

（2023年１月16日　日本経済新聞）

▶福利厚生

職種：施工管理　　年齢・性別：30代前半・女性

- 自分に裁量のある部分に関しては，割と時間の融通が利きます。
- 結果さえ出していれば，プライベートを優先させることも可能です。
- 場合によっては，他人の仕事であっても泊り込みで残業することも。
- 休日出勤する人もいますが，残業時間は一定以上は制限されます。

職種：一般事務　　年齢・性別：20代後半・女性

- 異動が多く，転勤が嫌な人にはあまり向かない企業だと思います。
- お盆休みやGWはありませんが，有給休暇数はしっかりあります。
- 給与は普通でしたが，賞与は入社一年目でもかなり高額でした。
- 家が遠いなど理由があれば寮にも入れるため，貯金はしやすいです。

職種：電気・電子関連職　　年齢・性別：20代後半・男性

- 学生気分の抜けないものもいれば，どんどん成長できる人間もいる。
  年輩の管理者より若い管理者の下のほうが働きやすいと思います。
- 年輩の社員の中には，始業前の掃除を口うるさく言う人も多いです。
- 仕事外の関係も親密で，飲み会や旅行，組合活動も必須となります。

職種：サービス関連職　　年齢・性別：20代後半・女性

- 明るく元気な人が多く，思っていた以上に体育会系です。
- イキイキというよりもシャキシャキした我が強い人が多いです。
- 仕事は体力的にきつく，体を壊す人も多いので，自己管理が大切。
  福利厚生は充実していますが，休暇は疲れを取るだけになることも。

▶労働環境

職種：カウンターセールス　　年齢・性別：20代後半・男性

・有給休暇は部署により取得方法が違いますが，ほぼ消化できるかも。
　駅勤務の場合は，自分で代務者を見つければ休暇の取得が可能です。
・住宅補助は家族寮，独身寮がありますが，常に順番待ちの状態。
・現業職採用でも社内公募で本社勤務への異動のチャンスがあります。

職種：生産管理・品質管理（機械）　　年齢・性別：20代後半・男性

・社宅や寮は充実しているが，転勤が多く，家族持ちには厳しい面も。
・住宅補助などは充実していて持ち家を買った後も補助されます。
・給与以外の金銭的に助けとなる厚生が非常に充実しています。
・配属については社内応募がなく，自分の意思は全く反映されません。

職種：人事　　年齢・性別：30代後半・男性

・社内応募制度については，最近海外関係に力を入れています。
・中長期での海外転勤から，短期の海外研修制度まで公募があります。
　この他にも留学制度といった，さまざまな制度が用意されています。
　住宅補助については，社宅・寮の他金銭的な補助も充実。

職種：サービス関連職　　年齢・性別：20代後半・女性

・女性が多い職種のためか，出産育児制度にはかなり満足しています。
・一人の子供に対し，最大3年間育児休暇を取ることができます。
・育児休暇中にもう一人出産したら，さらに3年取得できます。
・復帰後も復帰訓練があって，突然現場に戻されることはありません。

▶福利厚生

職種：内勤営業　　年齢・性別：30代後半・男性

・お客様の生命と安全を第一に，快適な移動空間を創出するという点。
　駅社員はお客様を適切にご案内するという任務をこなしてこそ。
・列車乗務員はご案内に加え，運転に関わる責務を負っています。
・いずれも非常に大きなやりがいのある仕事だと思っています。

職種：セールスエンジニア・サービスエンジニア　　年齢・性別：20代後半・男性

・日本を代表する会社であり，鉄道の安全，安定輸送を支えている点。
　夜間作業の後，安全な通過を確認した時は，喜びを感じます。
・社員には様々な制度が完備されていて，成長できる点も魅力です。
・留学制度もあり，学部卒でも将来の幹部職への道も開かれています。

職種：物流サービス　　年齢・性別：20代前半・女性

・毎日たくさんのお客様に出会え，とても良い刺激になります。
・サービスは自分の工夫次第で何でも出来るのでやりがいがあります。
・毎日違うメンバーでの業務のため，合わない人ともやりやすいです。
　丁寧な所作やマナー，ホスピタリティ精神がとても身につきます。

職種：人事　　年齢・性別：20代後半・女性

・総合職はいつでも前面に出て組織を牽引することが求められます。自
　分が会社にいる存在意義を感じられる場面が多くあります。
・事業内容が社会貢献性が高く，影響を与える範囲も大きいです。
・後世に残る仕事に携わることもでき，大変充実しています。

▶労働環境

職種：運輸関連　　年齢・性別：20代後半・男性

・面接は非常に穏やかな面接で，圧迫面接などもありません。
・入社後の研修が非常に厳しく，入社翌日に退社した人もいます。軍隊のように大声で完璧に暗記するまで唱和を叩きこまれます。
・職場の雰囲気は良いので，研修さえ耐えれば大丈夫かと思います。

職種：生産管理・品質管理　　年齢・性別：20代後半・男性

・ワークライフバランスは非常にとりづらいと思います。
・若手の勉強のためという名目の飲み会も多く，サービス残業も多め。
・上司に気に入られないと出世は難しいと思われます。
・休日に社内レクリエーションがあり，強制的に動員されることも。

職種：技術関連職　　年齢・性別：20代後半・男性

・残業は月に50時間〜100時間といったところです。
・災害が発生した場合には休日も出社となり，残業も増えます。
・社内の強制参加のイベントも少なくなく，体育会系な職場と言えます。残業代はきちんと払われるのでその点は良しとします。

職種：総合職事務職　　年齢・性別：40代後半・女性

・女性ばかりの職場なので，足の引っ張り合いや嫉妬があります。
・尊敬出来る先輩のグループに所属出来れば非常にやりやすいです。
・長い物に巻かれるタイプのほうが重宝されて居心地は良いでしょう。
・世間のイメージと内部事情はだいぶ違うので覚悟が必要です。

▶福利厚生

職種：一般事務　　年齢・性別：20代後半・女性

- 女性社員で3年の育休取得後，短時間制度を活用中の方もいます。急用で抜ける場合も，周囲が仕事をカバーして乗り切っています。
- 更衣室の設置など女性の労働環境もだいぶ良くなってきています。
- 男社会からの脱却という感じで，男女差もなく仕事が与えられます。

職種：施工管理　　年齢・性別：20代後半・男性

- 女性の管理職は女性社員が比較的少ないのであまり多くありません。
- 女性の場合，昇進については優遇されてきているように感じます。
- 本人の頑張り次第で管理職への昇進も可能だと思います。
- 管理職を目指すなら，上級職で採用されることが大事だと思います。

職種：物流サービス　　年齢・性別：30代後半・女性

- 部署によっては女性の管理職が大半を占めているところもあります。
- 一昔前は未婚でバリバリ働かないと管理職は難しかったようですが。
- 結婚，出産，育児を経てバランス良くこなしている人が多いです。一般社員に比べて休日出勤等の負担は多少大きいかもしれません。

職種：サービス関連職　　年齢・性別：20代後半・女性

- 女性が多い環境ということもあり，育児休暇などは取りやすいです。復職も一般の事務などと比べ，スムーズにできると思います。
- 同僚や先輩も魅力的な方が多く，職場環境はとても良かったです。資格を取るなどモチベーションを保つ努力は必要だと思います。

▶労働環境

職種：技術関連職　　年齢・性別：40代前半・男性

- 運輸事業のみを見れば，堅調に推移しており，底堅いといえます。
- 日本全体を考えると運輸の未来は明るくはないかもしれません。
- 新たなビジネスをつくることで，問題解決に取り組むことが必要。旧態依然の体質のなか，スピード感が求められていると思います。

職種：経営企画　　年齢・性別：50代後半・男性

- 経営者，社員が一丸となって改革を継続していこうとしています。
- 以前の会社とは良い意味で様変わりしているといえます。
- 業績が回復した現在でも，更に引き締めつつ着実に前進しています。
- これをこれからも継続していけるか否かが勝負だろうと思います。

職種：個人営業　　年齢・性別：30代後半・男性

- 業績がV字回復を果たし，再び業績悪化させまいと皆必死です。
- 一部には何となくこれで大丈夫という安心感が漂っているのも事実。
- プロ意識があまりに強く，自信がそうさせるのかもしれません。
- 昔の親方日の丸的な雰囲気を払拭し，改革こそが発展のカギかと。

職種：経営企画　　年齢・性別：20代後半・男性

- 会社の改革の一環として，新たな人財育成計画が策定されました。
- これまでの教育プログラムよりも実践的なものになるようです。
- 社員側も「自分で自分を磨くしかない」という意識が高いです。
- 今後，世界企業の一員として羽ばたくことを目標に改革は進みます。

航空　国内企業リスト（一部抜粋）

会社名	本社住所
日本航空株式会社	東京都品川区東品川二丁目 4 番 11 号 野村不動産天王洲ビル
株式会社ジェイエア	大阪府池田市空港 2-2-5 空港施設・大阪綜合ビル
株式会社ジャルエクスプレス	東京都大田区羽田空港 3-3-2　第一旅客ターミナル 4F
日本トランスオーシャン航空株式会社	沖縄県那覇市山下町 3-24
琉球エアーコミューター株式会社	沖縄県那覇市山下町 3-24
日本エアコミューター株式会社	鹿児島県霧島市溝辺町麓 787-4
株式会社北海道エアシステム	札幌市東区丘珠町 丘珠空港内
全日本空輸株式会社	東京都港区東新橋 1-5-2 汐留シティセンター
ANA ウイングス株式会社	東京都大田区羽田空港 3-3-2
株式会社エアージャパン	東京都大田区東糀谷六丁目 7 番 56 号
スカイマーク株式会社	東京都大田区羽田空港 3-5-7
株式会社 AIRDO	北海道札幌市中央区北 1 条西 2 丁目 9　オーク札幌ビル 8 階
アイベックスエアラインズ株式会社	東京都江東区新砂 1-2-3
スカイネットアジア航空株式会社	宮崎市大字赤江　宮崎空港内（宮崎空港ビル 2 階）
オリエンタルエアブリッジ株式会社	長崎県大村市箕島町 593 番地の 2（長崎空港内）
株式会社スターフライヤー	福岡県北九州市小倉南区空港北町 6 番　北九州空港スターフライヤー本社ビル
新中央航空株式会社	東京都調布市西町 290 - 3
第一航空株式会社	大阪府八尾市空港 2 丁目 12 番地（八尾空港内）
株式会社フジドリームエアラインズ	静岡県静岡市清水区入船町 11-1
天草エアライン株式会社	熊本県天草市五和町城河原 1 丁目 2080 番地 5
新日本航空株式会社	鹿児島県霧島市隼人町西光寺 3525-1

第**3**章

就職活動のはじめかた

入りたい会社は決まった。しかし「就職活動とはそもそ
も何をしていいのかわからない」「どんな流れで進むか
わからない」という声は意外と多い。ここでは就職活
動の一般的な流れや内容，対策について解説していく。

▶就職活動のスケジュール

3月	**4**月	**6**月

就職活動スタート

2025年卒の就活スケジュールは,経団連と政府を中心に議論され,2024年卒の採用選考スケジュールから概ね変更なしとされている。

エントリー受付・提出

OB・OG訪問

企業の説明会には積極的に参加しよう。独自の企業研究だけでは見えてこなかった新たな情報を得る機会であるとともに,モチベーションアップにもつながる。また,説明会に参加した者だけに配布する資料などもある。

合同企業説明会　　**個別企業説明会**

筆記試験・面接試験等始まる（3月〜）

内々定（大手企業）

2月末までにやっておきたいこと

就職活動が本格化する前に,以下のことに取り組んでおこう。
　◎自己分析　◎インターンシップ　◎筆記試験対策
　◎業界研究・企業研究　◎学内就職ガイダンス
自分が本当にやりたいことはなにか,自分の能力を最大限に活かせる会社はどこか。自己分析と企業研究を重ね,それを文章などにして明確にしておき,面接時に最大限に活用できるようにしておこう。

※このスケジュール表は一般的なものです。本年（2019年度）の採用スケジュール表では
ありませんので，ご注意ください。

7月	8月	10月

中小企業採用本格化

内定者の数が採用予定数に満たない企業，1年を通して採用を継続している企業，夏休み以降に採用活動を実施企業（後期採用）は採用活動を継続して行っている。大企業でも後期採用を行っていることもあるので，企業から内定が出ても，納得がいかなければ継続して就職活動を行うこともある。

中小企業の採用が本格化するのは大手企業より少し遅いこの時期から。HPなどで採用情報をつかむとともに，企業研究も怠らないようにしよう。

内々定とは10月1日以前に通知（電話等）されるもの。内定に関しては現在協定があり，10月1日以降に文書等にて通知される。

内々定（中小企業）

内定式（10月〜）

どんな人物が求められる？

多くの企業は，常識やコミュニケーション能力があり，社会のできごとに高い関心を持っている人物を求めている。これは「会社の一員として将来の企業発展に寄与してくれるか」という視点に基づく，もっとも普遍的な選考基準だ。もちろん，「自社の志望を真剣に考えているか」「自社の製品，サービスにどれだけの関心を向けているか」という熱意の部分も重要な要素になる。

就活ロールプレイ！

理論編 STEP 1 　就職活動のスタート

内定までの道のりは，大きく分けると以下のようになる。

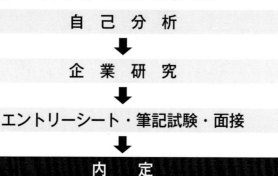

自 己 分 析
↓
企 業 研 究
↓
エントリーシート・筆記試験・面接
↓
内　定

01 まず自己分析からスタート

　就職活動とは，「企業に自分をPRすること」。自分自身の興味，価値観に加えて，強み・能力という要素が加わって，初めて企業側に「自分が働いたら，こういうポイントで貢献できる」と自分自身を売り込むことができるようになる。

■自分の来た道を振り返る

　自己分析をするための第一歩は，「振り返ってみる」こと。

　小学校，中学校など自分のいた"場"ごとに何をしたか（部活動など），何を学んだか，交友関係はどうだったか，興味のあったこと，覚えている印象的なことを書き出してみよう。

■テストを受けてみる

　"自分では気がついていない能力"を客観的に検査してもらうことで，自分に向いている職種が見えてくる。下記の5種類が代表的なものだ。

①職業適性検査　②知能検査　③性格検査
④職業興味検査　⑤創造性検査

■先輩や専門家に相談してみる

　就職活動をするうえでは，"いかに他人に自分のことをわかってもらうか"が重要なポイント。他者の視点で自分を分析してもらうことで，より客観的な視点で自己PRができるようになる。

自己分析の流れ

❏過去の経験を書いてみる

❏現在の自己イメージを明確にする…行動，考え方，好きなものなど。

❏他人から見た自分を明確にする

❏将来の自分を明確にしてみる…どのような生活をおくっていたいか。期待，夢，願望。なりたい自分はどういうものか，掘り下げて考える。→自己分析結果を，志望動機につなげていく。

理論編 STEP2 　企業の情報を収集する

01 企業の絞り込み

　志望企業の絞り込みについての考え方は大きく分けて2つある。

　第1は，同一業種の中で1次候補，2次候補……と絞り込んでいく方法。

　第2は，業種を1次，2次，3次候補と変えながら，それぞれに2社程度ずつ絞り込んでいく方法。

　第1の方法では，志望する同一業種の中で，一流企業，中堅企業，中小企業，縁故などがある歯止めの会社……というふうに絞り込んでいく。

　第2の方法では，自分が最も望んでいる業種，将来好きになれそうな業種，発展性のある業種，安定性のある業種，現在好況な業種……というふうに区別して，それぞれに適当な会社を絞り込んでいく。

02 情報の収集場所

・キャリアセンター

・新聞

・インターネット

・企業情報

『就職四季報』（東洋経済新報社刊），『日経会社情報』（日本経済新聞社刊）などの企業情報。この種の資料は本来"株式市場"についての資料だが，その時期の景気動向を含めた情報を仕入れることができる。

・経済雑誌

『ダイヤモンド』（ダイヤモンド社刊）や『東洋経済』（東洋経済新報社刊），『エコノミスト』（毎日新聞出版刊）など。

・OB・OG／社会人

①成長力

まず"売上高"。次に資本力の問題や利益率などの比率。いくら資本金があっても，それを上回る膨大な借金を抱えていて，いくら稼いでも利払いに追われまくるようでは，成長できないし，安定できない。

成長力を見るには自己資本率を割り出してみる。自己資本を総資本で割って100を掛けると自己資本率がパーセントで出てくる。自己資本の比率が高いほうが成長力もあり安定度も高い。

利益率は純利益を売上高で割って100を掛ける。利益率が高ければ，企業はどんどん成長するし，社員の待遇も上昇する。利益率が低いということは，仕事がどんなに忙しくても利益にはつながらないということになる。

②技術力

技術力は，短期的な見方と長期的な展望が必要になってくる。研究部門が適切な規模か，大学など企業外の研究部門との連絡があるか，先端技術の分野で開発を続けているかどうかなど。

③経営者と経営形態

会社が将来，どのような発展をするか，または衰退するかは経営者の経営哲学，経営方針によるところが大きい。社長の経歴を知ることも必要。創始者の息子，孫といった親族が社長をしているのか，サラリーマン社長か，官庁などからの天下りかということも大切なチェックポイント。

④社風

社風というのは先輩社員から後輩社員に伝えられ，教えられるもの。社風もいろいろな面から必ずチェックしよう。

⑤安定性

企業が成長しているか，安定しているかということは車の両輪。どちらか片方の回転が遅くなっても企業はバランスを失う。安定し，しかも成長する。これが企業として最も理想とするところ。

⑥待遇

初任給だけを考えてみても，それが手取りなのか，基本給なのか。基本給というのはボーナスから退職金，定期昇給の金額にまで響いてくる。また，待遇というのは給与ばかりではなく，福利厚生施設でも大きな差が出てくる。

■そのほかの会社比較の基準

1. ゆとり度

休暇制度は，企業によって独自のものを設定しているところもある。「長期休暇制度」といったものなどの制定状況と，また実際に取得できているかどうかも調べたい。

2. 独身寮や住宅設備

最近では，社宅は廃止し，住宅手当を多く出すという流れもある。寮や社宅についての福利厚生は調べておく。

3. オフィス環境

会社に根づいた慣習や社員に対する考え方が，意外にオフィスの設備やレイアウトに表れている場合がある。

たとえば，個人の専有スペースの広さや区切り方，パソコンなどOA機器の設置状況，上司と部下の机の配置など，会社によってずいぶん違うもの。玄関ロビーや受付の様子を観察するだけでも，会社ごとのカラーや特徴がどこかに見えてくる。

4. 勤務地

転勤はイヤ，どうしても特定の地域で生活していきたい。そんな声に応えて，最近は流通業などを中心に，勤務地限定の雇用制度を取り入れる企業も増えている。

---

column 初任給では分からない本当の給与

会社の給与水準には「初任給」「平均給与」「平均ボーナス」「モデル給与」など，判断材料となるいくつかのデータがある。これらのデータからその会社の給料の優劣を判断するのは非常に難しい。

たとえば中小企業の中には，初任給が飛び抜けて高い会社がときどきある。しかしその後の昇給率は大きくないのがほとんど。

一方，大手企業の初任給は業種間や企業間の差が小さく，ほとんど横並びと言っていい。そこで，「平均給与」や「平均ボーナス」などで将来の予測をするわけだが，これは一応の目安とはなるが，個人差があるので正確とは言えない。

■決定版「就職ノート」はこう作る

　1冊にすべて書き込みたいという人には，ルーズリーフ形式のノートがお勧め。会社研究，スケジュール，時事用語，OB／OG訪問，切り抜きなどの項目を作りインデックスをつける。

　カレンダー，説明会，試験などのスケジュール表を貼り，とくに会社別の説明会，面談，書類提出，試験の日程がひと目で分かる表なども作っておく。そして見開き2ページで1社を載せ，左ページに企業研究，右ページには志望理由，自己PRなどを整理する。

就職ノートの主なチェック項目

- ❏企業研究…資本金，業務内容，従業員数など基礎的な会社概要から，過去の採用状況，業務報告などのデータ
- ❏採用試験メモ…日程，条件，提出書類，採用方法，試験の傾向など
- ❏店舗・営業所見学メモ…流通関係，銀行などの場合は，客として訪問し，商品（値段，使用価値，ユーザーへの配慮），店員（接客態度，商品知識，熱意，親切度），店舗（ショーケース，陳列の工夫，店内の清潔さ）などの面をチェック
- ❏OB／OG訪問メモ…OB／OGの名前，連絡先，訪問日時，面談場所，質疑応答のポイント，印象など
- ❏会社訪問メモ…連絡先，人事担当者名，会社までの交通機関，最寄り駅からの地図，訪問のときに得た情報や印象，訪問にいたるまでの経過も記入

05 「OB／OG訪問」

　「OB／OG訪問」は，実際は採用予備選考開始。まず，OB／OG訪問を希望したら，大学のキャリアセンター，教授などの紹介で，志望企業に勤める先輩の手がかりをつかむ。もちろん直接電話なり手紙で，自分の意向を会社側に伝えてもいい。自分の在籍大学，学部をはっきり言って，「先輩を紹介していただけないでしょうか」と依頼しよう。

参考

OB／OG訪問時の質問リスト例

●採用について
- ・成績と面接の比重
- ・採用までのプロセス（日程）
- ・面接は何回あるか
- ・面接で質問される事項　etc.
- ・評価のポイント
- ・筆記試験の傾向と対策
- ・コネの効力はどうか

●仕事について
- ・内容（入社10年, 20年のOB/OG）
- ・希望職種につけるのか
- ・残業，休日出勤，出張など
- ・新入社員の仕事
- ・やりがいはどうか
- ・同業他社と比較してどうか　etc.

●社風について
- ・社内のムード
- ・仕事のさせ方　etc.
- ・上司や同僚との関係

●待遇について
- ・給与について
- ・昇進のスピード
- ・福利厚生の状態
- ・離職率について　etc.

06 インターンシップ

　インターンシップとは，学生向けに企業が用意している「就業体験」プログラム。ここで学生はさまざまな企業の実態をより深く知ることができ，その後の就職活動において自己分析，業界研究，職種選びなどに活かすことができる。また企業側にとっても有能な学生を発掘できるというメリットがあるため，導入する企業は増えている。

　インターンシップ参加が採用につながっているケースもあるため，たくさん参加してみよう。

column　コネを利用するのも１つの手段？

　コネを活用できるのは，以下のような場合である。

・企業と大学に何らかの「連絡」がある場合

　企業の新卒採用の場合，特定校・指定校が決められていることもある。企業側が過去の実績などに基づいて決めており，大学の力が大きくものをいう。

　とくに理工系では，指導教授や研究室と企業との連絡が密接な場合が多く，教授の推薦が有利であることは言うまでもない。同じ大学出身の先輩とのコネも，この部類に区分できる。

・志望企業と「関係」ある人と関係がある場合

　一般的に言えば，志望企業の取り引き先関係からの紹介というのが一番多い。ただし，年間億単位の実績が必要で，しかも部長・役員以上につながっていなければコネがあるとは言えない。

・志望企業と何らかの「親しい関係」がある場合

　志望企業に勤務したりアルバイトをしていたことがあるという場合。インターンシップもここに分類される。職場にも馴染みがあり人間関係もできているので，就職に際してきわめて有利。

・志望会社に関係する人と「縁故」がある場合

　縁故を「血縁関係」とした場合，日本企業ではこのコネはかなり有効なところもある。ただし，血縁者が同じ会社にいるというのは不都合なことも多いので，どの企業も慎重。

07 会社説明会のチェックポイント

1. 受付の様子

　受付事務がテキパキとしていて，分かりやすいかどうか。社員の態度が親切で誠意が伝わってくるかどうか。

　こういった受付の様子からでも，その会社の社員教育の程度や，新入社員採用に対する熱意とか期待を推し測ることができる。

2. 控え室の様子

　控え室が2カ所以上あって，国立大学と私立大学の訪問者とが，別々に案内されているようなことはないか。また，面談の順番を意図的に変えているようなことはないか。これはよくある例で，すでに大半は内定しているということを意味する場合が多い。

3. 社内の雰囲気

　社員の話し方，その内容を耳にはさむだけでも，社風が伝わってくる。

4. 面談の様子

　何時間も待たせたあげくに，きわめて事務的に，しかも投げやりな質問しかしないような採用担当者である場合，この会社は人事が適正に行われていないということだから，一考したほうがよい。

参考 ▶ 説明会での質問項目

・質問内容が抽象的でなく，具体性のあるものかどうか。
・質問内容は，現在の社会・経済・政治などの情況を踏まえた，
　大学生らしい高度で専門性のあるものか。
・質問をするのはいいが，「それでは，あなたの意見はどうか」と
　逆に聞かれたとき，自分なりの見解が述べられるものであるか。

　提出する書類は6種類。①～③が大学に申請する書類，④～⑥が自分で書く書類だ。大学に申請する書類は一度に何枚も入手しておこう。

　①「**卒業見込証明書**」
　②「**成績証明書**」
　③「**健康診断書**」
　④「**履歴書**」
　⑤「**エントリーシート**」
　⑥「**会社説明会アンケート**」

■自分で書く書類は「自己PR」

　第1次面接に進めるか否かは「自分で書く書類」の出来にかかっている。「履歴書」と「エントリーシート」は会社説明会に行く前に準備しておくもの。「会社説明会アンケート」は説明会の際に書き，その場で提出する書類だ。

01　履歴書とエントリーシートの違い

　Webエントリーを受け付けている企業に資料請求をすると，資料と一緒に「エントリーシート」が送られてくるので，応募サイトのフォームやメールでエントリーシートを送付する。Webエントリーを行っていない企業には，ハガキやメールで資料請求をする必要があるが，「エントリーシート」は履歴書とは異なり，企業が設定した設問に対して回答するもの。すなわちこれが「1次試験」であり，これにパスをした人だけが会社説明会に呼ばれる。

02 記入の際の注意点

■字はていねいに

字を書くところから，その企業に対する"本気度"は測られている。

■誤字，脱字は厳禁

使用するのは，黒のインク。

■修正液使用は不可

■数字は算用数字

■自分の広告を作るつもりで書く

自分はこういう人間であり，何がしたいかということを簡潔に書く。メリットになることだけで良い。自分に損になるようなことを書く必要はない。

■「やる気」を示す具体的なエピソードを

「私はやる気があります」「私は根気があります」という抽象的な表現だけではNG。それを示すエピソードのようなものを書かなくては意味がない。

Point

自己紹介欄の項目はすべて「自己PR」。自分はこういう人間であることを印象づけ，それがさらに企業への「志望動機」につながっていくような書き方をする。

column 履歴書やエントリーシートは，共通でもいい？

「履歴書」や「エントリーシート」は企業によって書き分ける。業種はもちろん，同じ業界の企業であっても求めている人材が違うからだ。各書類は提出前にコピーを取り，さらに出した企業名を忘れずに書いておくことも大切だ。

履歴書記入のPoint

写真	スナップ写真は不可。 スーツ着用で，胸から上の物を使用する。ポイントは「清潔感」。 氏名・大学名を裏書きしておく。
日付	郵送の場合は投函する日，持参する場合は持参日の日付を記入する。
生年月日	西暦は避ける。元号を省略せずに記入する。
氏名	戸籍上の漢字を使う。印鑑押印欄があれば忘れずに押す。
住所	フリガナ欄がカタカナであればカタカナで，平仮名であれば平仮名で記載する。
学歴	最初の行の中央部に「学□□歴」と2文字程度間隔を空けて，中学校卒業から大学（卒業・卒業見込み）まで記入する。 中途退学の場合は，理由を簡潔に記載する。留年は記入する必要はない。 職歴がなければ，最終学歴の一段下の行の右隅に，「以上」と記載する。
職歴	最終学歴の一段下の行の中央部に「職□□歴」と2文字程度間隔を空け記入する。 「株式会社」や「有限会社」など，所属部門を省略しないで記入する。 「同上」や「〃」で省略しない。 最終職歴の一段下の行の右隅に，「以上」と記載する。
資格・免許	4級以下は記載しない。学習中のものも記載して良い。 「普通自動車第一種運転免許」など，省略せずに記載する。
趣味・特技	具体的に（例：読書でもジャンルや好きな作家を）記入する。
志望理由	その企業の強みや良い所を見つけ出したうえで，「自分の得意な事」がどう活かせるかなどを考えぬいたものを記入する。
自己PR	応募企業の事業内容や職種にリンクするような，自分の経験やスキルなどを記入する。
本人希望欄	面接の連絡方法，希望職種・勤務地などを記入する。「特になし」や空白はNG。
家族構成	最初に世帯主を書き，次に配偶者，それから家族を祖父母，兄弟姉妹の順に。続柄は，本人から見た間柄。兄嫁は，義姉と書く。
健康状態	「良好」が一般的。

エントリーシートの記入

01 エントリーシートの目的

・応募者を，決められた採用予定者数に絞り込むこと

・面接時の資料にする

の2つ。

■知りたいのは職務遂行能力

　採用担当者が学生を見る場合は，「こいつは与えられた仕事をこなせるかどうか」という目で見ている。企業に必要とされているのは仕事をする能力なのだ。

Point

質問に忠実に，"自分がいかにその会社の求める人材に当てはまるか"を
丁寧に答えること。

02 効果的なエントリーシートの書き方

■情報を伝える書き方

　課題をよく理解していることを相手に伝えるような気持ちで書く。

■文章力

　大切なのは全体のバランスが取れているか。書く前に，何をどれくらいの字数で収めるか計算しておく。

　「起承転結」でいえば，「起」は，文章を起こす導入部分。「承」は，起を受けて，その提起した問題に対して承認を求める部分。「転」は，自説を展開する部分。もっともオリジナリティが要求される。「結」は，最後の締めの結論部分。文章の構成・まとめる力で，総合的な能力が高いことをアピールする。

エントリーシートでよく取り上げられる題材と, その出題意図

エントリーシートで求められるものは,「自己PR」「志望動機」「将来どうなりたいか (目指すこと)」の3つに大別される。

1.「自己PR」

自己分析にしたがって作成していく。重要なのは,「なぜそうしようと思ったか？」「○○をした結果, 何が変わったのか？何を得たのか？」という"連続性"が分かるかどうかがポイント。

2.「志望動機」

自己PRと一貫性を保ち, 業界志望理由と企業志望理由を差別化して表現するように心がける。志望する業界の強みと弱み, 志望企業の強みと弱みの把握は基本。

3.「将来の展望」

どんな社員を目指すのか, 仕事へはどう臨もうと思っているか, 目標は何か, などが問われる。仕事内容を事前に把握しておくだけでなく, 5年後の自分, 10年後の自分など, 具体的な将来像を描いておくことが大切。

表現力, 理解力のチェックポイント

❏文法, 語法が正しいかどうか
❏論旨が論理的で一貫しているかどうか
❏1センテンスが簡潔かどうか
❏表現が統一されているかどうか (「です, ます」調か「だ, である」調か)

01 個人面接

●自由面接法

面接官と受験者のキャラクターやその場の雰囲気，質問と応答の進行具合などによって雑談形式で自由に進められる。

●標準面接法

自由面接法とは逆に，質問内容や評価の基準などがあらかじめ決まっている。実際には自由面接法と併用で，おおまかな質問事項や判定基準，評価ポイントを決めておき，質疑応答の内容上の制限を緩和しておくスタイルが一般的。1次面接などでは標準面接法をとり，2次以降で自由面接法をとる企業も多い。

●非指示面接法

受験者に自由に発言してもらい，面接官は話題を引き出したりするときなど，最小限の質問をするという方法。

●圧迫面接法

わざと受験者の精神状態を緊張させ，受験者がどのような応答をするかを観察し，判定する。受験者は，冷静に対応することが肝心。

02 集団面接

面接の方法は個人面接と大差ないが，面接官がひとつの質問をして，受験者が順にそれに答えるという方法と，面接官が司会役になって，座談会のような形式で進める方法とがある。

座談会のようなスタイルでの面接は，なるべく受験者全員が関心をもっているような話題を取りあげ，意見を述べさせるという方法。この際，司会役以外の面接官は一言も発言せず，判定・評価に専念する。

03 グループディスカッション

　グループディスカッション（以下，GD）の時間は30〜60分程度，1グループの人数は5〜10人程度で，司会は面接官が行う場合や，時間を決めて学生が交替で行うことが多い。面接官は内容については特に指示することはなく，受験者がどのようにGDを進めるかを観察する。

　評価のポイントは，全体的には理解力，表現力，指導性，積極性，協調性など，個別的には性格，知識，適性などが観察される。

　GDの特色は，集団の中での個人ということで，受験者の能力がどの程度のものであるか，また，どのようなことに向いているかを判定できること。受験者は，グループの中における自分の位置を面接官に印象づけることが大切だ。

グループディスカッション方式の面接におけるチェックポイント

- ❏全体の中で適切な論点を提供できているかどうか。
- ❏問題解決に役立つ知識を持っているか，また提供できているかどうか。
- ❏もつれた議論を解きほぐし，的はずれの議論を元に引き戻す努力をしているかどうか。
- ❏グループ全体としての目標をいつも考えているかどうか。
- ❏感情的な対立や攻撃をしかけているようなことはないか。
- ❏他人の意見に耳を傾け，よい意見には賛意を表し，それを全体に推し広げようという寛大さがあるかどうか。
- ❏議論の流れを自然にリードするような主導性を持っているかどうか。
- ❏提出した意見が議論の進行に大きな影響を与えているかどうか。

04 面接時の注意点

●控え室

　控え室には，指定された時間の15分前には入室しよう。そこで担当の係から，面接に際しての注意点や手順の説明が行われるので，疑問点は積極的に聞くようにし，心おきなく面接にのぞめるようにしておこう。会社によっては，所定のカードに必要事項を書き込ませたり，お互いに自己紹介をさせたりする場合もある。また，この控え室での行動も細かくチェックして，合否の資料にしている会社もある。

●入室・面接開始

　係員がドアの開閉をしてくれる場合もあるが，それ以外は軽くノックして入室し，必ずドアを閉める。そして入口近くで軽く一礼し，面接官か補助員の「どうぞ」という指示で正面の席に進み，ここで再び一礼をする。そして，学校名と氏名を名のって静かに着席する。着席時は，軽く椅子にかけるようにする。

●面接終了と退室

　面接の終了が告げられたら，椅子から立ち上がって一礼し，椅子をもとに戻して，面接官または係員の指示を受けて退室する。

　その際も，ドアの前で面接官のほうを向いて頭を下げ，静かにドアを開閉する。控え室に戻ったら，係員の指示を受けて退社する。

05 面接試験の評定基準

●協調性

　企業という「集団」では，他人との協調性が特に重視される。

　感情や態度が円満で調和がとれていること，極端に好悪の情が激しくなく，物事の見方や考え方が穏健で中立であることなど，職場での人間関係を円滑に進めていくことのできる人物かどうかが評価される。

●話し方

　外観印象的には，言語の明瞭さや応答の態度そのものがチェックされる。小さな声で自信のない発言，乱暴野卑な発言は減点になる。

　考えをまとめたら，言葉を選んで話すくらいの余裕をもって，真剣に応答しようとする姿勢が重視される。軽率な応答をしたり，まして発言に矛盾を指摘されるような事態は極力避け，もしそのような状況になりそうなときは，自分の非を認めてはっきりと謝るような態度を示すべき。

●好感度

　実社会においては，外観による第一印象が，人間関係や取引に大きく影響を及ぼす。

　「フレッシュな爽やかさ」に加え，入社志望など，自分の意思や希望をより明確にすることで，強い信念に裏づけられた姿勢をアピールできるよう努力したい。

●判断力

何を質問されているのか，何を答えようとしているのか，常に冷静に判断していく必要がある。

●**表現力**

話に筋道が通り理路整然としているか，言いたいことが簡潔に言えるか，話し方に抑揚があり聞く者に感銘を与えるか，用語が適切でボキャブラリーが豊富かどうか。

●**積極性**

活動意欲があり，研究心旺盛であること，進んで物事に取り組み，創造的に解決しようとする意欲が感じられること，話し方にファイトや情熱が感じられること，など。

●**計画性**

見通しをもって順序よく合理的に仕事をする性格かどうか，またその能力の有無。企業の将来性のなかに，自分の将来をどうかみ合わせていこうとしているか，現在の自分を出発点として，何を考え，どんな仕事をしたいのか。

●**安定性**

情緒の安定は，社会生活に欠くことのできない要素。自分自身をよく知っているか，他の人に流されない信念をもっているか。

●**誠実性**

自分に対して忠実であろうとしているか，物事に対してどれだけ誠実な考え方をしているか。

●**社会性**

企業は集団活動なので，自分の考えに固執したり，不平不満が多い性格は向かない。柔軟で適応性があるかどうか。

清潔感や明朗さ，若々しさといった外観面も重視される。

06 面接試験の質問内容

1. 志望動機

受験先の概要や事業内容はしっかりと頭の中に入れておく。また，その企業の企業活動の社会的意義と，自分自身の志望動機との関連を明確にしておく。「安定している」「知名度がある」「将来性がある」といった利己的な動機，「自

分の性格に合っている」というような，あいまいな動機では説得力がない。安定性や将来性は，具体的にどのような企業努力によって支えられているのかという考察も必要だし，それに対する受験者自身の評価や共感なども問われる。

①どうしてその業種なのか

②どうしてその企業なのか

③どうしてその職種なのか

以上の①～③と，自分の性格や資質，専門などとの関連性を説明できるようにしておく。

自分がどうしてその会社を選んだのか，どこに大きな魅力を感じたのかを，できるだけ具体的に，情熱をもって語ることが重要。自分の長所と仕事の適性を結びつけてアピールし，仕事のやりがいや仕事に対する興味を述べるのもよい。

■複数の企業を受験していることは言ってもいい？

同じ職種，同じ業種で何社かかけもちしている場合，正直に答えてもかまわない。しかし，「第一志望はどこですか」というような質問に対して，正直に答えるべきかどうかというと，やはりこれは疑問がある。どんな会社でも，他社を第一志望にあげられれば，やはり愉快には思わない。

また，職種や業種の異なる会社をいくつか受験する場合も同様で，極端に性格の違う会社をあげれば，その矛盾を突かれるのは必至だ。

2. 仕事に対する意識・職業観

採用試験の段階では，次年度の配属予定が具体的に固まっていない会社もかなりある。具体的に職種や部署などを細分化して募集している場合は別だが，そうでない場合は，希望職種をあまり狭く限定しないほうが賢明。どの業界においても，採用後，新入社員には，研修としてその会社の各セクションをひと通り経験させる企業は珍しくない。そのうえで，具体的な配属計画を検討するのだ。

大切なことは，就職や職業というものを，自分自身の生き方の中にどう位置づけるか，また，自分の生活の中で仕事とはどういう役割を果たすのかを考えてみること。つまり自分の能力を活かしたい，社会に貢献したい，自分の存在価値を社会的に実現してみたい，ある分野で何か自分の力を試してみたい……，などの場合を考え，それを自分自身の人生観，志望職種や業種などとの関係を考えて組み立ててみる。自分の人生観をもとに，それを自分の言葉で表現できるようにすることが大切。

3. 自己紹介・自己PR

性格そのものを簡単に変えたり，欠点を克服したりすることは実際には難しいが，“仕方がない”という姿勢を見せることは禁物で，どんなささいなことでも，努力している面をアピールする。また一般的にいって，専門職を除けば，就職時になんらかの資格や技能を要求する企業は少ない。

ただ，資格をもっていれば採用に有利とは限らないが，専門性を要する業種では考慮の対象とされるものもある。たとえば英検，簿記など。

企業が学生に要求しているのは，4年間の勉学を重ねた学生が，どのように仕事に有用であるかということで，学生の知識や学問そのものを聞くのが目的ではない。あくまで，社会人予備軍としての謙虚さと素直さを失わないようにする。

知識や学力よりも，その人の人間性，ビジネスマンとしての可能性を重視するからこそ，面接担当者は，学生生活全般について尋ねることで，書類だけでは分からない人間性を探ろうとする。

何かうち込んだものや思い出に残る経験などは，その人の人間的な成長になんらかの作用を及ぼしているものだ。どんな経験であっても，そこから受けた印象や教訓などは，明確に答えられるようにしておきたい。

4. 一般常識・時事問題

一般常識・時事問題については筆記試験の分野に属するが，面接でこうしたテーマがもち出されることも珍しくない。受験者がどれだけ社会問題に関心をもっているか，一般常識をもっているか，また物事の見方・考え方に偏りがないかなどを判定する。知識や教養だけではなく，一問一答の応答を通じて，その人の性格や適応能力まで判断されることになる。

07 面接に向けての事前準備

■面接試験1カ月前までには万全の準備をととのえる

●志望会社・職種の研究

新聞の経済欄や経済雑誌などのほか，会社年鑑，株式情報など書物による研究をしたり，インターネットにあがっている企業情報や，検索によりさまざまな角度から調べる。すでにその会社へ就職している先輩や知人に会って知識を得たり，大学のキャリアセンターへ情報を求めるなどして総合的に判断する。

■専攻科目の知識・卒論のテーマなどの整理

大学時代にどれだけ勉強してきたか，専攻科目や卒論のテーマなどを整理しておく。

■**時事問題に対する準備**

毎日欠かさず新聞を読む。志望する企業の話題は，就職ノートに整理するなどもアリ。

面接当日の必需品

- ❏必要書類（履歴書，卒業見込証明書，成績証明書，健康診断書，推薦状）
- ❏学生証
- ❏就職ノート（志望企業ファイル）
- ❏印鑑，朱肉
- ❏筆記用具（万年筆，ボールペン，サインペン，シャープペンなど）
- ❏手帳，ノート
- ❏地図（訪問先までの交通機関などをチェックしておく）
- ❏現金（小銭も用意しておく）
- ❏腕時計（オーソドックスなデザインのもの）
- ❏ハンカチ，ティッシュペーパー
- ❏くし，鏡（女性は化粧品セット）
- ❏シューズクリーナー
- ❏ストッキング
- ❏折りたたみ傘（天気予報をチェックしておく）
- ❏携帯電話，充電器

■一般常識試験

> 社会人として企業活動を行ううえで最低限必要となる一般常識のほか，
> 英語，国語，社会(時事問題)，数学などの知識の程度を確認するもの。

　難易度はおおむね中学・高校の教科書レベル。一般常識の問題集を1冊やっておけばよいが，業界によっては専門分野が出題されることもあるため，必ず志望する企業のこれまでの試験内容は調べておく。

■一般常識試験の対策

・英語　慣れておくためにも，教科書を復習する，英字新聞を読むなど。

・国語　漢字，四字熟語，反対語，同音異義語，ことわざをチェック。

・時事問題　新聞や雑誌,テレビ,ネットニュースなどアンテナを張っておく。

■適性検査

　SPI（Synthetic Personality Inventory）試験（SPI3試験）とも呼ばれ，能力テストと性格テストを合わせたもの。

　能力テストでは国語能力を測る「言語問題」と，数学能力を測る「非言語問題」がある。言語的能力，知覚能力，数的能力のほか，思考・推理能力，記憶力，注意力などの問題で構成されている。

　性格テストは「はい」か「いいえ」で答えていく。仕事上の適性と性格の傾向などが一致しているかどうかをみる。

> SPIは職務への適応性を客観的にみるためのもの。

01 「論文」と「作文」

　一般に「論文」はあるテーマについて自分の意見を述べ，その論証をする文章で，必ず意見の主張とその論証という2つの部分で構成される。問題提起と論旨の展開，そして結論を書く。

　「作文」は，一般的には感想文に近いテーマ，たとえば「私の興味」「将来の夢」といったものがある。

　就職試験では「論文」と「作文」を合わせた"論作文"とでもいうようなものが出題されることが多い。

　論作文試験とは，「文章による面接」。テーマに書き手がどういう態度を持っているかを知ることが，出題の主な目的だ。受験者の知識・教養・人生観・社会観・職業観，そして将来への希望などが，どのような思考を経て，どう表現されているかによって，企業にとって，必要な人物かどうかを判断している。

　論作文の場合には，書き手の社会的意識や考え方に加え，「感銘を与える」働きが要求される。就職活動とは，企業に対し「自分をアピールすること」だということを常に念頭に置いておきたい。

Point

論文と作文の違い

	論　文	作　文
テーマ	学術的・社会的・国際的なテーマ。時事，経済問題など	個人的・主観的なテーマ。人生観，職業観など
表現	自分の意見や主張を明確に述べる。	自分の感想を述べる。
展開	四段型（起承転結）の展開が多い。	三段型（はじめに・本文・結び）の展開が多い。
文体	「だ調・である調」のスタイルが多い。	「です調・ます調」のスタイルが多い。

・テーマ

与えられた課題（テーマ）を，受験者はどのように理解しているか。

出題されたテーマの意義をよく考え，それに対する自分の意見や感情が，十分に整理されているかどうか。

・表現力

課題について本人が感じたり，考えたりしたことを，文章で的確に表しているか。

・字・用語・その他

かなづかいや送りがなが合っているか，文中で引用されている格言やことわざの類が使用法を間違えていないか，さらに誤字・脱字に至るまで，文章の基本的な力が受験者の人柄ともからんで厳密に判定される。

・オリジナリティ

魅力がある文章とは，オリジナリティを率直に出すこと。自分の感情や意見を，自分の言葉で表現する。

・生活態度

文章は，書き手の人格や人柄を映し出す。平素の社会的関心や他人との協調性，趣味や読書傾向はどうであるかといった，受験者の日常における生き方，生活態度がみられる。

・字の上手・下手

できるだけ読みやすい字を書く努力をする。また，制限字数より文章が長くなって原稿用紙の上下や左右の空欄に書き足したりすることは避ける。消しゴムで消す場合にも，丁寧に。

いずれの場合でも，表面的な文章力を問うているのではなく，受験者の人柄のほうを重視している。

マナーチェックリスト

就活において企業の人事担当は，面接試験やOG／OB訪問，そして面接試験において，あなたのマナーや言葉遣いといった，「常識力」をチェックしている。現在の自分はどのくらい「常識力」が身についているかをチェックリストで振りかえり，何ができて，何ができていないかを明確にしたうえで，今後の取り組みに生かしていこう。

評価基準　5：大変良い　4：やや良い　3：どちらともいえない　2：やや悪い　1：悪い

	項　目	評　価	メ　モ
挨拶	明るい笑顔と声で挨拶をしているか		
	相手を見て挨拶をしているか		
	相手より先に挨拶をしているか		
	お辞儀を伴った挨拶をしているか		
	直接の応対者でなくても挨拶をしているか		
表情	笑顔で応対しているか		
	表情に私的感情がでていないか		
	話しかけやすい表情をしているか		
	相手の話は真剣な顔で聞いているか		
身だしなみ	前髪は目にかかっていないか		
	髪型は乱れていないか／長い髪はまとめているか		
	髭の剃り残しはないか／化粧は健康的か		
	服は汚れていないか／清潔に手入れされているか		
	機能的で職業・立場に相応しい服装をしているか		
	華美なアクセサリーはつけていないか		
	爪は伸びていないか		
	靴下の色は適当か／ストッキングの色は自然な肌色か		
	靴の手入れは行き届いているか		
	ポケットに物を詰めすぎていないか		

	項　目	評　価	メ　モ
言葉遣い	専門用語を使わず，相手にわかる言葉で話しているか		
	状況や相手に相応しい敬語を正しく使っているか		
	相手の聞き取りやすい音量・速度で話しているか		
	語尾まで丁寧に話しているか		
	気になる言葉癖はないか		
動作	物の授受は両手で丁寧に実施しているか		
	案内・指し示し動作は適切か		
	キビキビとした動作を心がけているか		
心構え	勤務時間・指定時間の5分前には準備が完了しているか		
	心身ともに健康管理をしているか		
	仕事とプライベートの切替えができているか		

☑ 常に自己点検をするクセをつけよう

「人を表情やしぐさ，身だしなみなどの見かけで判断してはいけない」と一般にいわれている。確かに，人の個性は見かけだけではなく，内面においても見いだされるもの。しかし，私たちは人を第一印象である程度決めてしまう傾向がある。それが面接試験など初対面の場合であればなおさらだ。したがって，チェックリストにあるような挨拶，表情，身だしなみ等に注意して面接試験に臨むことはとても重要だ。ただ，これらは面接試験前にちょっと対策したからといって身につくようなものではない。付け焼き刃的な対策をして面接試験に臨んでも，面接官はあっという間に見抜いてしまう。日頃からチェックリストにあるような項目を意識しながら行動することが大事であり，そうすることで，最初はぎこちない挨拶や表情等も，その人の個性に応じたすばらしい所作へ変わっていくことができるのだ。さっそく，本日から実行してみよう。

面接試験において，印象を決定づける表情はとても大事。
どのようにすれば感じのいい表情ができるのか，ポイントを確認していこう。

明るく,温和で 柔らかな表情をつくろう

人間関係の潤滑油

表情に関しては，まずは豊かである
ということがベースになってくる。う
れしい表情，困った表情，驚いた表
情など，さまざまな気持ちを表現で
きるということが，人間関係を潤いの
あるものにしていく。

Point

　表情はコミュニケーションの大前提。相手に「いつでも話しかけてくださ
いね」という無言の言葉を発しているのが，就活に求められる表情だ。面接
官が安心してコミュニケーションをとろうと思ってくれる表情。それが，明
るく，温和で柔らかな表情となる。

いますぐデキる
カンタンTraining

Training 01

喜怒哀楽を表してみよう

- 人との出会いを楽しいと思うことが表情の基本
- 表情を豊かにする大前提は相手の気持ちに寄り添うこと
- 目元・口元だけでなく，眉の動きを意識することが大事

Training 02

表情筋のストレッチをしよう

- 表情筋は「ウイスキー」の発音によって鍛える
- 意識して毎日，取り組んでみよう
- 笑顔の共有によって相手との距離が縮まっていく

コミュニケーションは挨拶から始まり，その挨拶ひとつで印象は変わるもの。
ポイントを確認していこう。

丁寧にしっかりと
はっきり挨拶をしよう

人間関係の第一歩

挨拶は心を開いて，相手に近づくコ
ミュニケーションの第一歩。たかが
挨拶，されど挨拶の重要性をわきま
えて，きちんとした挨拶をしよう。形，
つまり"技"も大事だが，心をこめ
ることが最も重要だ。

Point

　挨拶はコミュニケーションの第一歩。相手が挨拶するのを待っているの
は望ましくない。挨拶の際のポイントは丁寧であることと，はっきり声に出
すことの2つ。丁寧な挨拶は，相手を大事にして迎えている気持ちの表れ
となる。はっきり声に出すことで，これもきちんと相手を迎えていることが
伝わる。また，相手もその応答として挨拶してくれることで，会ってすぐに
双方向のコミュニケーションが成立する。

いますぐデキる
カンタンTraining

Training 01

３つのお辞儀をマスターしよう

① 会釈（15度） ② 敬礼（30度） ③ 最敬礼（45度）

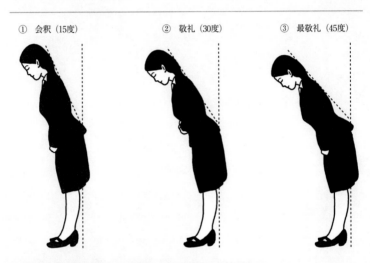

・息を吸うことを意識してお辞儀をするとキレイな姿勢に
・目線は真下ではなく，床前方1.5m先ぐらいを見よう
・相手への敬意を忘れずに

Training 02

対面時は言葉が先，お辞儀が後

・相手に体を向けて先に自ら挨拶をする
・挨拶時，相手とアイコンタクトを
　しっかり取ろう
・挨拶の後に，お辞儀をする。
　これを「語先後礼」という

コミュニケーションは「話す」よりも「聞く」ことといわれる。相手が話しやすい聞き方の，ポイントを確認しよう。

受容の立場で
傾聴しよう

相手の話を受けとめる

話を聞くときは，やや前に傾く姿勢をとる。表情と姿勢が合わさることにより，話し手の心が開き「あれも，これも話そう」という気持ちになっていく。また，「はい」と一度のお辞儀で頷くと相手の話を受け止めているというメッセージにつながる。

Point

　話をすること，話を聞いてもらうことは誰にとってもプレッシャーを伴うもの。そのため，「何でも話して良いんですよ」「何でも話を聞きますよ」「心配しなくて良いんですよ」という気持ちで聞くことが大切になる。その気持ちが聞く姿勢に表れれば，相手は安心して話してくれる。

いますぐデキる
カンタンTraining

Training 01

頷きは一度で

・相手が話した後に「はい」と
　一言発する
・頷きすぎは逆効果

Training 02

目線は自然に

・鼻の付け根あたりを見ると
　自然な印象に
・目を見つめすぎるのはNG

Training 03

話の句読点で視線を移す

・視線は話している人を見ることが基本
・複数の人の話を聞くときは句読点を意識し，
　視線を振り分けることで聞く姿勢を表す

自分の意思を相手に明確に伝えるためには，話し方が重要となる。はっきりと的確に話すためのポイントを確認しよう。

明るい発声を
心がけよう

ボリュームを意識して

話すときのポイントとしては，ボリュームを意識することが挙げられる。会議室の一番奥にいる人に声が届くように意識することで，声のボリュームはコントロールされていく。

Point

コミュニケーションとは「伝達」すること。どのようなことも，適当に伝えるのではなく，伝えるべきことがきちんと相手に届くことが大切になる。そのためには，はっきりと，分かりやすく，丁寧に，心を込めて話すこと。言葉だけでなく，表情やジェスチャーを加えることも有効。

いますぐデキる
カンタンTraining

Training **01**
腹式呼吸で発声練習

・「あえいうえおあお」と発声する
・腹式呼吸は，胸部をなるべく動かさずに，息を吸うときにお腹や腰が膨らむよう意識する呼吸法

Training **02**
早口言葉にチャレンジ

おあやや
母親に
お謝り

・「おあやや，母親に，お謝り」と早口で
・口がすぼまった「お」と口が開いた「あ」の発音に，変化をつけられるかがポイント

Training **03**
ジェスチャーを有効活用

・腰より上でジェスチャーをする
・体から離した位置に手をもっていく
・ジェスチャーをしたら戻すところをさだめておく

実践編 STEP5 身だしなみ

身だしなみはその人自身を表すもの。身だしなみの基本について，ポイントを
確認しよう。

清潔感,さわやかさを
醸し出せるようにしよう

プロの企業人に
ふさわしい身だしなみを

信頼感，安心感をもたれる身だしな
みを考えよう。TPOに合わせた服装は，
すなわち"礼"を表している。そして，
身だしなみには，「清潔感」，「品のよさ」，
「控え目である」という，3つのポイ
ントがある。

Point

相手との心理的な距離や物理的な距離が遠ければ，コミュニケーションは
成立しにくくなる。見た目が不潔では誰も近付いてこない。身だしなみが
清潔であること，爽やかであることは相手との距離を縮めることにも繋がる。

いますぐデキる
カンタンTraining

Training 01

髪型，服装を整えよう

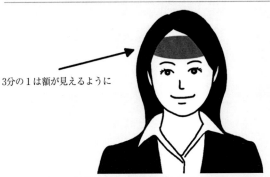

3分の1は額が見えるように

・男性も女性も眉が見える髪型が望ましい。3分の1は額が見えるように。額は知性と清潔感を伝える場所。男性の髪の長さは耳や襟にかからないように
・スーツで相手の前に立つときは，ボタンはすべて留める。男性の場合は下のボタンは外す

Training 02

おしゃれとの違いを明確に

・爪はできるだけ切りそろえる
・爪の中の汚れにも注意
・ジェルネイル，ネイルアートはNG

Training 03

足元にも気を配って

・女性の場合はパンプス，男性の場合は黒の紐靴が望ましい
・靴はこまめに汚れを落とし見栄えよく

姿勢にはその人の意欲が反映される。前向き，活動的な姿勢を表すにはどうしたらよいか，ポイントを確認しよう。

前向き,活動的な姿勢を維持しよう

一直線と左右対称

正しい立ち姿として，耳，肩，腰，くるぶしを結んだ線が一直線に並んでいることが最大のポイントになる。そのラインが直線に近づくほど立ち姿がキレイに整っていることになる。また，"左右対称"というのもキレイな姿勢の要素のひとつになる。

Point

　姿勢は，身体と心の状態を反映するもの。そのため，良い姿勢でいることは，印象が清々しいだけでなく，健康で元気そうに見え，話しかけやすさにも繋がる。歩く姿勢，立つ姿勢，座る姿勢など，どの場面にも心身の健康状態が表れるもの。日頃から心身の健康状態に気を配り，フィジカルとメンタル両面の自己管理を心がけよう。

いますぐデキる
カンタンTraining

Training 01

キレイな歩き方を心がけよう

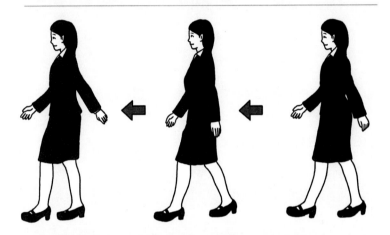

- 女性は1本の線上を，男性はそれよりも太い線上を沿うように歩く
- 一歩踏み出したときに前の足に体重を乗せるように，腰から動く
- 12時の方向につま先をもっていく

Training 02

前向きな気持ちを持とう

- 常に前向きな気持ちが姿勢を正す
- ポジティブ思考を心がけよう

言葉遣いの正しさはとは，場面にあった言葉を遣うということ。相手を気づかいながら，言葉を選ぶことで，より正しい言葉に近づいていく。

相手と場面に合わせた ふさわしい言葉遣いを

次の文は接客の場面でよくある間違えやすい敬語です。
それぞれの言い方は○×どちらでしょうか。

問1「資料をご拝読いただきありがとうございます」

問2「こちらのパンフレットはもういただかれましたか？」

問3「恐れ入りますが，こちらの用紙にご記入してください」

問4「申し訳ございませんが，来週，休ませていただきます」

問5「先ほどの件，帰りましたら上司にご報告いたしますので」

Point

　ビジネスのシーンに敬語は欠くことができない。何度もやり取りをしていく中で，親しさの度合いによっては，あえてくだけた表現を用いることもあるが，「親しき仲にも礼儀あり」と言われるように，敬意や心づかいをおろそかにしてはいけないもの。相手に誤解されたり，相手の気分を壊すことのないように，相手や場面にふさわしい言葉遣いが大切になる。

解答と解説

問1 （×） ○正しい言い換え例

→「ご覧いただきありがとうございます」など

「拝読」は自分が「読む」意味の謙譲語なので，相手の行為に使うのは誤り。読むと見るは同義なため，多く，見るの尊敬語「ご覧になる」が用いられる。

問2 （×） ○正しい言い換え例

→「お持ちですか」「お渡ししましたでしょうか」 など

「いただく」は，食べる・飲む・もらうの謙譲語。「もらったかどうか」と聞きたいのだから，「おもらいになりましたか」と言えないこともないが，持っているかどうか，受け取ったかどうかという意味で「お持ちですか」などが使われることが多い。また，自分側が渡すような場合は，「お渡しする」を使って「お渡ししましたでしょうか」などの言い方に換えることもできる。

問3 （×） ○正しい言い換え例

→「恐れ入りますが，こちらの用紙にご記入ください」など

「ご記入する」の「お（ご）〜する」は謙譲語の形。相手の行為を謙譲語で表すことになるため誤り。「して」を取り除いて「ご記入ください」か，和語に言い換えて「お書きください」とする。ほかにも「お書き／ご記入・いただけますでしょうか・願います」などの表現もある。

問4 （△）

有給休暇を取る場合や，弔事等で休むような場面で，用いられることも多い。「休ませていただく」ということで一見丁寧に響くが，「来週休むと自分で休みを決めている」という勝手な表現にも受け取られかねない言葉だ。ここは同じ「させていただく」を用いても，相手の都合をうかがう言い方に換えて「○○がございまして，申し訳ございませんが，休みをいただいてもよろしいでしょうか」などの言い換えが好ましい。

問5 （×）○正しい言い換え例

→「上司に報告いたします」

「ご報告いたします」は，ソトの人との会話で使うとするならば誤り。「ご報告いたします」の「お・ご〜いたす」は，「お・ご〜する」と「〜いたす」という2つの敬語を含む言葉。そのうちの「お・ご〜する」は，主語である自分を低めて相手＝上司を高める働きをもつ表現（謙譲語Ⅰ）。一方「〜いたす」は，主語の私を低めて，話の聞き手に対して丁重に述べる働きをもつ表現（謙譲語Ⅱ　丁重語）。「お・ご〜する」も「〜いたす」も同じ謙譲語であるため紛らわしいが，主語を低める（謙譲）という働きは同じでも，行為の相手を高める働きがあるかないかという点に違いがあるといえる。

敬語は正しく使用することで，相手の印象を大きく変えることができる。尊敬語，謙譲語の区別をはっきりつけて，誤った用法で話すことのないように気をつけよう。

言葉の使い方が
マナーを表す!

■よく使われる尊敬語の形　「言う・話す・説明する」の例

専用の尊敬語型	おっしゃる
～れる・～られる型	言われる・話される・説明される
お（ご）～になる型	お話しになる・ご説明になる
お（ご）～なさる型	お話しなさる・ご説明なさる

■よく使われる謙譲語の形　「言う・話す・説明する」の例

専用の謙譲語型	申す・申し上げる
お（ご）～する型	お話しする・ご説明する
お（ご）～いたす型	お話しいたします・ご説明いたします

Point

　同じ尊敬語・謙譲語でも，よく使われる代表的な形がある。ここではその一例をあげてみた。敬語の使い方に迷ったときなどは，まずはこの形を思い出すことで，大抵の語はこの型にはめ込むことができる。同じ言葉を用いたほうがよりわかりやすいといえるので，同義に使われる「言う・話す・説明する」を例に考えてみよう。

　ほかにも「お話しくださる」や「お話しいただく」「お元気でいらっしゃる」などの形もあるが，まずは表の中の形を見直そう。

■よく使う動詞の尊敬語・謙譲語

なお，尊敬語の中の「言われる」などの「れる・られる」を付けた形は省力している。

基本	尊敬語（相手側）	謙譲語（自分側）
会う	お会いになる	お目にかかる・お会いする
言う	おっしゃる	申し上げる・申す
行く・来る	いらっしゃる おいでになる お見えになる お越しになる お出かけになる	伺う・参る お伺いする・参上する
いる	いらっしゃる・おいでになる	おる
思う	お思いになる	存じる
借りる	お借りになる	拝借する・お借りする
聞く	お聞きになる	拝聴する 拝聞する お伺いする・伺う お聞きする
知る	ご存じ（知っているという意で）	存じ上げる・存じる
する	なさる	いたす
食べる・飲む	召し上がる・お召し上がりになる お飲みになる	いただく・頂戴する
見る	ご覧になる	拝見する
読む	お読みになる	拝読する

「お伺いする」「お召し上がりになる」などは，「伺う」「召し上がる」自体が敬語なので
「二重敬語」ですが，慣習として定着しており間違いではないもの。

-◉Point-

　上記の「敬語表」は，よく使うと思われる動詞をそれぞれ尊敬語・謙譲語
で表したもの。このように大体の言葉は型にあてはめることができる。言
葉の中には「お（ご）」が付かないものもあるが，その場合でも「〜なさる」
を使って，「スピーチなさる」や「運営なさる」などと言うことができる。ま
た，表では，「言う」の尊敬語「言われる」の例は省いているが，れる・ら
れる型の「言われる」よりも「おっしゃる」「お話しになる」「お話しなさる」
などの言い方のほうが，より敬意も高く，言葉としても何となく響きが落ち
着くといった印象を受けるものとなる。

会話は相手があってのこと。いかなる場合でも，相手に対する心くばりを忘れ
ないことが，会話をスムーズに進めるためのコツになる。

心くばりを添えるひと言で
言葉の印象が変わる!

　相手に何かを頼んだり，また相手の依頼を断ったり，相手の抗議に対して反
論したりする場面では，いきなり自分の意見や用件を切り出すのではなく，場
面に合わせて心くばりを伝えるひと言を添えてから本題に移ると，響きがやわ
らかくなり，こちらの意向も伝えやすくなる。俗にこれは「クッション言葉」
と呼ばれている。(右表参照)

Point

　ビジネスの場面で，相手と話したり手紙やメールを送る際には，何か依
頼事があってという場合が多いもの。その場合に「ちょっとお願いなんです
が…」では，ふだんの会話と変わりがないものになってしまう。そこを「突
然のお願いで恐れ入りますが」「急にご無理を申しまして」「こちらの勝手
で恐縮に存じますが」「折り入ってお願いしたいことがございまして」など
の一言を添えることで，直接的なきつい感じが和らぐだけでなく，「申し訳
ないのだけれど，もしもそうしていただくことができればありがたい」とい
う，相手への配慮や願いの気持ちがより強まる。このような前置きの言葉
もうまく用いて，言葉に心くばりを添えよう。

相手の意向を尋ねる場合	「よろしければ」「お差し支えなければ」
	「ご都合がよろしければ」「もしお時間がありましたら」
	「もしお嫌いでなければ」「ご興味がおありでしたら」
相手に面倒を かけてしまうような場合	「お手数をおかけしますが」
	「ご面倒をおかけしますが」
	「お手を煩わせまして恐縮ですが」
	「お忙しい時に申し訳ございませんが」
	「お時間を割いていただき申し訳ありませんが」
	「貴重なお時間を頂戴し恐縮ですが」
自分の都合を 述べるような場合	「こちらの勝手で恐縮ですが」
	「こちらの都合（ばかり）で申し訳ないのですが」
	「私どもの都合ばかりを申しまして，まことに申し訳なく存じますが」
	「ご無理を申し上げまして恐縮ですが」
急な話をもちかけた場合	「突然のお願いで恐れ入りますが」
	「急にご無理を申しまして」
	「もっと早くにご相談申し上げるべきところでございましたが」
	「差し迫ってのことでまことに申し訳ございませんが」
何度もお願いする場合	「たびたびお手数をおかけしまして恐縮に存じますが」
	「重ね重ね恐縮に存じますが」
	「何度もお手を煩わせまして申し訳ございませんが」
	「ご面倒をおかけしてばかりで，まことに申し訳ございませんが」
難しいお願いをする場合	「ご無理を承知でお願いしたいのですが」
	「たいへん申し上げにくいのですが」
	「折り入ってお願いしたいことがございまして」
あまり親しくない相手に お願いする場合	「ぶしつけなお願いで恐縮ですが」
	「ぶしつけながら」
	「まことに厚かましいお願いでございますが」
相手の提案・誘いを断る場合	「申し訳ございませんが」
	「（まことに）残念ながら」
	「せっかくのご依頼ではございますが」
	「たいへん恐縮ですが」
	「身に余るお言葉ですが」
	「まことに失礼とは存じますが」
	「たいへん心苦しいのですが」
	「お引き受けしたいのはやまやまですが」
問い合わせの場合	「つかぬことをうかがいますが」
	「突然のお尋ねで恐縮ですが」

ここでは文章の書き方における，一般的な敬称について言及している。はがき，手紙，メール等，通信手段はさまざま。それぞれの特性をふまえて有効活用しよう。

相手の気持ちになって
見やすく美しく書こう

■敬称のいろいろ

敬称	使う場面	例
様	職名・役職のない個人	（例）飯田知子様／ご担当者様／経理部長　佐藤一夫様
殿	職名・組織名・役職のある個人（公用文など）	（例）人事部長殿／教育委員会殿／田中四郎殿
先生	職名・役職のない個人	（例）松井裕子先生
御中	企業・団体・官公庁などの組織	（例）○○株式会社御中
各位	複数あてに同一文書を出すとき	（例）お客様各位／会員各位

Point

　封筒・はがきの表書き・裏書きは縦書きが基本だが，洋封筒で親しい人にあてる場合は，横書きでも問題ない。いずれにせよ，定まった位置に，丁寧な文字でバランス良く，正確に記すことが大切。特に相手の住所や名前を乱雑な文字で書くのは，配達の際の間違いを引き起こすだけでなく，受け取る側に不快な思いをさせる。相手の気持ちになって，見やすく美しく書くよう心がけよう。

■各通信手段の長所と短所

	長所	短所	用途
封書	・封を開けなければ本人以外の目に触れることがない。 ・丁寧な印象を受ける。	・多量の資料・画像送付には不向き。 ・相手に届くまで時間がかかる。	・儀礼的な文書(礼状・わび状など) ・目上の人あての文書 ・重要な書類 ・他人に内容を読まれたくない文書
はがき・カード	・封書よりも気軽にやり取りできる。 ・年賀状や季節の便り,旅先からの連絡など絵はがきとしても楽しむことができる。	・封に入っていないため,第三者の目に触れることがある。 ・中身が見えるので,改まった礼状やわび状,こみ入った内容には不向き。 ・相手に届くまで時間がかかる。	・通知状　　　・案内状 ・送り状　　　・旅先からの便り ・各種お祝い　・お礼 ・季節の挨拶
FAX	・手書きの図やイラストを文章といっしょに送れる。 ・すぐに届く。 ・控えが手元に残る。	・多量の資料の送付には不向き。 ・事務的な用途で使われることが多く,改まった内容の文書,初対面の人へは不向き。	・地図,イラストの入った文書 ・印刷物(本・雑誌など)
電話	・急ぎの連絡に便利。 ・相手の反応をすぐに確認できる。 ・直接声が聞けるので,安心感がある。	・連絡できる時間帯が制限される。 ・長々としたこみ入った内容は伝えづらい。	・緊急の用件 ・確実に用件を伝えたいとき
メール	・瞬時に届く。　・控えが残る。 ・コストが安い。 ・大容量の資料や画像をデータで送ることができる。 ・一度に大勢の人に送ることができる。 ・相手の居場所や状況を気にせず送れる。	・事務的な印象を与えるので,改まった礼状やわび状には不向き。 ・パソコンや携帯電話を持っていない人には送れない。 ・ウィルスなどへの対応が必要。	・データで送りたいとき ・ビジネス上の連絡

---Point---

　はがきは手軽で便利だが,おわびやお願い,格式を重んじる手紙には不向きとなる。この種の手紙は内容もこみ入ったものとなり,加えて丁寧な文章で書かなければならないので,数行で済むことはまず考えられない。また,封筒に入っていないため,他人の目に触れるという難点もある。このように,はがきにも長所と短所があるため,使う場面や相手によって,他の通信手段と使い分けることが必要となる。

　はがき以外にも,封書・電話・FAX・メールなど,現代ではさまざまな通信手段がある。上に示したように,それぞれ長所と短所があるので,特徴を知って用途によって上手に使い分けよう。

社会人のマナーとして，電話応対のスキルは必要不可欠。まずは失礼なく電話に出ることからはじめよう。積極性が重要だ。

相手の顔が見えない分
対応には細心の注意を

■電話をかける場合

①　○○先生に電話をする

×「私，□□社の××と言いますが，○○様はおられますでしょうか？」

○「**××と申しますが，○○様はいらっしゃいますか？**」

「おられますか」は「おる」を謙譲語として使うため，通常は相手がいるかどうかに関しては，「いらっしゃる」を使うのが一般的。

②　相手の状況を確かめる

×「こんにちは，××です，先日のですね…」

○「**××です，先日は有り難うございました，今お時間よろしいでしょうか？**」

相手が忙しくないかどうか，状況を聞いてから話を始めるのがマナー。また，やむを得ず夜間や早朝，休日などに電話をかける際は，「夜分（朝早く）に申し訳ございません」「お休みのところ恐れ入ります」などのお詫びの言葉もひと言添えて話す。

③　相手が不在，何時ごろ戻るかを聞く場合

×「戻りは何時ごろですか？」

○「**何時ごろお戻りになりますでしょうか？**」

「戻り」はそのままの言い方，相手にはきちんと尊敬語を使う。

④　また自分からかけることを伝える

×「そうですか，ではまたかけますので」

○「**それではまた後ほど（改めて）お電話させていただきます**」

戻る時間がわかる場合は，「またお戻りになりましたころにでも」「また午後にでも」などの表現もできる。

① 電話を取ったら

× 「はい，もしもし，○○（社名）ですが」

○ **「はい，○○（社名）でございます」**

② 相手の名前を聞いて

× 「どうも，どうも」

○ **「いつもお世話になっております」**

あいさつ言葉として定着している決まり文句ではあるが，日頃のお付き合いがあってこそ。あいさつ言葉もきちんと述べよう。「お世話様」という言葉も時折耳にするが，敬意が軽い言い方となる。適切な言葉を使い分けよう。

③ 相手が名乗らない

× 「どなたですか？」「どちらさまですか？」

○ **「失礼ですが，お名前をうかがってもよろしいでしょうか？」**

名乗るのが基本だが，尋ねる態度も失礼にならないように適切な応対を心がけよう。

④ 電話番号や住所を教えてほしいと言われた場合

× 「はい，いいでしょうか？」　　× 「メモのご用意は？」

○ **「はい，申し上げます，よろしいでしょうか？」**

「メモのご用意は？」は，一見親切なようにも聞こえるが，尋ねる相手も用意していることがほとんど。押し付けがましくならない程度に。

⑤ 上司への取次を頼まれた場合

× 「はい，今代わります」　　× 「○○部長ですね，お待ちください」

○ **「部長の○○でございますね，ただいま代わりますので，少々お待ちくださいませ」**

○○部長という表現は，相手側の言い方となる。自分側を述べる場合は，「部長の○○」「○○」が適切。

Point

自分から電話をかける場合は，まずは自分の会社名や氏名を名乗るのがマナー。たとえ目的の相手が直接出た場合でも，電話では相手の様子が見えないことがほとんど。自分の勝手な判断で話し始めるのではなく，相手の都合を伺い，そのうえで話を始めるのが社会人として必要な気配りとなる。

時候の挨拶

月	漢語調の表現 候，みぎりなどを付けて用いられます	口語調の表現
1月 (睦月)	初春・新春・頌春・ 小寒・大寒・厳寒	皆様におかれましては，よき初春をお迎えのことと存じます／厳しい寒さが続いております／珍しく暖かな寒の入りとなりました／大寒という言葉通りの厳しい寒さでございます
2月 (如月)	春寒・余寒・残寒・ 立春・梅花・向春	立春とは名ばかりの寒さ厳しい毎日でございます／梅の花もちらほらとふくらみ始め，春の訪れを感じる今日この頃です／春の訪れが待ち遠しいのごろでございます
3月 (弥生)	早春・浅春・春寒・ 春分・春暖	寒さもようやくゆるみ，日ましに春めいてまいりました／ひと雨ごとに春めいてまいりました／日増しに暖かさが加わってまいりました
4月 (卯月)	春暖・陽春・桜花・ 桜花爛漫	桜花爛漫の季節を迎えました／春光うららかな好季節となりました／花冷えとでも申しましょうか，何だか肌寒い日が続いております
5月 (皐月)	新緑・薫風・惜春・ 晩春・立夏・若葉	風薫るさわやかな季節を迎えました／木々の緑が目にまぶしいようございます／目に青葉，山ほととぎす，初鰹の句も思い出される季節となりました
6月 (水無月)	梅雨・向暑・初夏・ 薄暑・麦秋	初夏の風もさわやかな毎日でございます／梅雨前線が近づいてまいりました／梅雨の晴れ間にのぞく青空は，まさに夏を思わせるようです
7月 (文月)	盛夏・大暑・炎暑・ 酷暑・猛暑	梅雨が明けたとたん，うだるような暑さが続いております／長い梅雨も明け，いよいよ本格的な夏がやってまいりました／風鈴の音がわずかに涼を運んでくれているようです
8月 (葉月)	残暑・晩夏・処暑・ 秋暑	立秋とはほんとうに名ばかりの厳しい暑さの毎日です／残暑たえがたい毎日でございます／朝夕はいくらかしのぎやすくなってまいりました
9月 (長月)	初秋・新秋・爽秋・ 新涼・清涼	九月に入りましてもなお，日差しの強い毎日です／暑さもやっとおとろえはじめたようでございます／残暑も去り，ずいぶんとしのぎやすくなってまいりました
10月 (神無月)	清秋・錦秋・秋涼・ 秋冷・寒露	秋風もさわやかな過ごしやすい季節となりました／街路樹の葉も日ごとに色を増しております／紅葉の便りの聞かれるころとなりました／秋深く，日増しに冷気も加わってまいりました
11月 (霜月)	晩秋・暮秋・霜降・ 初霜・向寒	立冬を迎え，まさに冬到来を感じる寒さです／木枯らしの季節になりました／日ごとに冷気が増すようでございます／朝夕はひときわ冷え込むようになりました
12月 (師走)	寒冷・初冬・師走・ 歳晩	師走を迎え，何かと慌ただしい日々をお過ごしのことと存じます／年の瀬も押しつまり，何かとお忙しくお過ごしのことと存じます／今年も残すところわずかとなりました，お忙しい毎日とお察しいたします

いますぐデキる
シチュエーション別会話例

シチュエーション1　　取引先との会話

「非常に素晴らしいお話で感心しました」→NG！

　「感心する」は相手の立派な行為や，優れた技量などに心を動かされるという意味。意味としては間違いではないが，目上の人に用いると，偉そうに聞こえかねない表現。「感動しました」などに言い換えるほうが好ましい。

シチュエーション2　　子どもとの会話

「お母さんは，明日はいますか？」→NG！

　たとえ子どもとの会話でも，子どもの年齢によっては，ある程度の敬語を使うほうが好ましい。「明日はいらっしゃいますか」では，むずかしすぎると感じるならば，「お出かけですか」などと表現することもできる。

シチュエーション3　　同僚との会話

「今，お暇ですか」→NG？

　同じ立場同士なので，暇に「お」が付いた形で「お暇」ぐらいでも構わないともいえるが，「暇」というのは，するべきことも何もない時間という意味。そのため「お暇ですか」では，あまりにも直接的になってしまう。その意味では「手が空いている」→「空いていらっしゃる」→「お手透き」などに言い換えることで，やわらかく敬意も含んだ表現になる。

シチュエーション4　　上司との会話

「なるほどですね」→NG！

　「なるほど」とは，相手の言葉を受けて，自分も同意見であることを表すため，相手の言葉・意見を自分が評価するというニュアンスも含まれている。そのため自分が評価して述べているという偉そうな表現にもなりかねない。同じ同意ならば，頷き「おっしゃる通りです」などの言葉のほうが誤解なく伝わる。

就職活動のはじめかた　205

就活スケジュールシート

■年間スケジュールシート

1月	2月	3月	4月	5月	6月
企業関連スケジュール					
自己の行動計画					

就職活動をすすめるうえで，当然重要になってくるのは，自己のスケジュール管理だ。企業の選考スケジュールを把握することも大切だが，自分のペースで進めることになる自己分析や業界・企業研究，面接試験のトレーニング等の計画を立てることも忘れてはいけない。スケジュールシートに「記入」する作業を通して，短期・長期の両方の面から就職試験を考えるきっかけにしよう。

7月	8月	9月	10月	11月	12月
企業関連スケジュール					
自己の行動計画					

●情報提供のお願い●

　就職活動研究会では，就職活動に関する情報を募集しています。

　エントリーシートやグループディスカッション，面接，筆記試験の内容等について情報をお寄せください。ご応募はメールアドレス（edit@kyodo-s.jp）へお願いいたします。お送りくださいました方々には薄謝をさしあげます。

　ご協力よろしくお願いいたします。

会社別就活ハンドブックシリーズ

西日本旅客鉄道の
就活ハンドブック

編　者	就職活動研究会
発　行	令和6年2月25日
発行者	小貫輝雄
発行所	協同出版株式会社

〒101-0054
東京都千代田区神田錦町2-5
　電話　03-3295-1341
　振替　東京00190-4-94061

印刷所	協同出版・POD工場

落丁・乱丁はお取り替えいたします

●2025年度版●
会社別就活ハンドブックシリーズ
【全111点】

運　輸

東日本旅客鉄道の就活ハンドブック	小田急電鉄の就活ハンドブック
東海旅客鉄道の就活ハンドブック	阪急阪神 HD の就活ハンドブック
西日本旅客鉄道の就活ハンドブック	商船三井の就活ハンドブック
東京地下鉄の就活ハンドブック	日本郵船の就活ハンドブック

機　械

三菱重工業の就活ハンドブック	浜松ホトニクスの就活ハンドブック
川崎重工業の就活ハンドブック	村田製作所の就活ハンドブック
IHI の就活ハンドブック	クボタの就活ハンドブック
島津製作所の就活ハンドブック	

金　融

三菱 UFJ 銀行の就活ハンドブック	野村證券の就活ハンドブック
三菱 UFJ 信託銀行の就活ハンドブック	りそなグループの就活ハンドブック
みずほ FG の就活ハンドブック	ふくおか FG の就活ハンドブック
三井住友銀行の就活ハンドブック	日本政策投資銀行の就活ハンドブック
三井住友信託銀行の就活ハンドブック	

建設・不動産

三菱地所の就活ハンドブック	鹿島建設の就活ハンドブック
三井不動産の就活ハンドブック	大成建設の就活ハンドブック
積水ハウスの就活ハンドブック	清水建設の就活ハンドブック
大和ハウス工業の就活ハンドブック	

資源・素材

旭旭化成グループの就活ハンドブック	ワコールの就活ハンドブック
東レの就活ハンドブック	関西電力の就活ハンドブック

日本製鉄の就活ハンドブック | 九州電力の就活ハンドブック

中部電力の就活ハンドブック

自動車

トヨタ自動車の就活ハンドブック | デンソーの就活ハンドブック

本田技研工業の就活ハンドブック | 日産自動車の就活ハンドブック

商 社

三菱商事の就活ハンドブック | 伊藤忠商事の就活ハンドブック

住友商事の就活ハンドブック | 双日の就活ハンドブック

丸紅の就活ハンドブック | 豊田通商の就活ハンドブック

三井物産の就活ハンドブック

情報通信・IT

NTT データの就活ハンドブック | サイバーエージェントの就活ハンドブック

NTT ドコモの就活ハンドブック | LINE ヤフーの就活ハンドブック

野村総合研究所の就活ハンドブック | SCSK の就活ハンドブック

日本電信電話の就活ハンドブック | 富士ソフトの就活ハンドブック

KDDI の就活ハンドブック | 日本オラクルの就活ハンドブック

ソフトバンクの就活ハンドブック | GMO インターネットグループ

楽天の就活ハンドブック | オービックの就活ハンドブック

mixi の就活ハンドブック | DTS の就活ハンドブック

グリーの就活ハンドブック | TIS の就活ハンドブック

食品・飲料

サントリー HD の就活ハンドブック | 日本たばこ産業 の就活ハンドブック

味の素の就活ハンドブック | 日清食品グループの就活ハンドブック

キリン HD の就活ハンドブック | 山崎製パンの就活ハンドブック

アサヒグループ HD の就活ハンドブック | キユーピーの就活ハンドブック

生活用品

資生堂の就活ハンドブック | 武田薬品工業の就活ハンドブック

花王の就活ハンドブック

電気機器

三菱電機の就活ハンドブック	パナソニックの就活ハンドブック
ダイキン工業の就活ハンドブック	富士通の就活ハンドブック
ソニーの就活ハンドブック	キヤノンの就活ハンドブック
日立製作所の就活ハンドブック	京セラの就活ハンドブック
ＮＥＣの就活ハンドブック	オムロンの就活ハンドブック
富士フイルム HD の就活ハンドブック	キーエンスの就活ハンドブック

保　険

東京海上日動火災保険の就活ハンドブック	三井住友海上火災保険の就活ハンドブック
第一生命ホールディングスの就活ハンドブック	損保ジャパンの就活ハンドブック

メディア

大日本印刷の就活ハンドブック	エイベックスの就活ハンドブック
博報堂 DY の就活ハンドブック	東宝の就活ハンドブック
凸版印刷の就活ハンドブック	

流通・小売

ニトリ HD の就活ハンドブック	ZOZO の就活ハンドブック
イオンの就活ハンドブック	

エンタメ・レジャー

オリエンタルランドの就活ハンドブック	任天堂の就活ハンドブック
アシックスの就活ハンドブック	カプコンの就活ハンドブック
バンダイナムコ HD の就活ハンドブック	セガサミー HD の就活ハンドブック
コナミグループの就活ハンドブック	タカラトミーの就活ハンドブック
スクウェア・エニックス HD の就活ハンドブック	

▼会社別就活ハンドブックシリーズにつきましては，協同出版のホームページからもご注文ができます。詳細は下記のサイトでご確認下さい。

https://kyodo-s.jp/examination_company